Jens Carolus Lieblein

Ägyptische Chronologie

Jens Carolus Lieblein

Ägyptische Chronologie

ISBN/EAN: 9783744637596

Hergestellt in Europa, USA, Kanada, Australien, Japan

Cover: Foto ©ninafisch / pixelio.de

Weitere Bücher finden Sie auf **www.hansebooks.com**

AEGYPTISCHE CHRONOLOGIE.

Ein kritischer Versuch

von

J. Lieblein,
cand. mag.

Herausgegeben von der Gesellschaft der Wissenschaften zu Christiania.

Christiania.
Druck von Brögger & Christie.
1863.

HERRN

M. J. MONRAD,
PROFESSOR AN DER UNIVERSITAET ZU CHRISTIANIA,

SEINEM

THEUREN LEHRER UND VAETERLICHEN FREUNDE

MIT DANKBARKEIT UND VEREHRUNG

GEWIDMET

VON

DEM VERFASSER.

Erste Abtheilung.

Die Quellen.

Die Quellen der Aegyptischen Chronologie sind theils die Aegyptischen Monumente selbst, theils die geschichtlichen und chronologischen Nachrichten der Griechen. Die Aegyptischen Denkmäler haben erst in den letzten 40 Jahren, nach der glänzenden Entdeckung Champollions, wesentliche Beiträge zu liefern angefangen, und obwohl sie zwar nicht allein eine vollständig detaillirte Chronologie begründen können, sind sie doch das einzig zuverlässige Correctiv, sowohl der von den Griechen überlieferten chronologischen Systeme, als auch ihrer Nachrichten von den Aegyptern überhaupt.

Die Griechischen Quellen.

Was zunächst die Griechischen Quellen betrifft, sind die Nachrichten Herodots so ausserordentlich werthvoll, weil er auf seine naive Weise treu wiedergiebt, was er gehört hat, auch da, wo er dieses nicht verstanden hat. Indessen sind sowohl seine als Diodors Aegyptischen Geschichten allzu bekannt, um ihre Bedeutung für die Aegyptische Chronologie hier näher hervorheben zu müssen, und ich gehe darum gleich zu den weniger bekannten Verfassern über.

Unter diesen muss Manetho als der wichtigste und zuverlässigste von allen Aegyptischen Chronographen in erste Stelle gesetzt werden.

1

Manetho aus Sebennytos in Unterägypten lebte in den Zeiten der ersten Ptolemäer, also im ersten Halbtheil des dritten Jahrhunderts v. Chr. Als Oberpriester in Heliopolis war er in die Weisheit der Aegyptischen Priesterkaste eingeweiht und stand, den übereinstimmenden Zeugnissen der Alten nach, in grossem Ansehen als ein weiser und gelehrter Mann. Obwohl er als geborener Aegypter und als Aegyptischer Priester hauptsächlich Aegyptisch gebildet war, hatte er sich doch unter dem Einflusse der Griechischen Ptolemäer so sehr die Griechische Bildung zu eigen gemacht, dass er seine Werke auf Griechisch schrieb. Ausser theologisch-philosophischen und anderen Schriften, die uns hier nicht angehen, hat er eine Aegyptische Geschichte in drei Bänden geschrieben, die von den ältesten mythischen Zeiten bis zu 340 v. Chr. ging. Er hat sie aus Memphitischen Quellen, zu denen er von Amtswegen ungehinderten Zutritt und von denen er vollständige Kenntniss hatte, geschöpft und, so viel man von allen Kennzeichen und Andeutungen bei späteren Schriftstellern urtheilen kann, mit seltener Treue und Wahrheitsliebe, rein objectiv, ohne Einmischung von Reflexionen oder vorausgefassten individuellen Meinungen geschrieben. Er stand vollständig auf Aegyptischem Standpunkte, und hatte also keineswegs nöthig etwas abzupassen oder zu ändern zu Gunsten entweder der Griechischen Geschichte, wie die Griechischen Schriftsteller, oder der Jüdischen Geschichte, wie Josephus und später die Christlichen Schriftsteller gethan haben. Dies objectiv treue, mit Sachkenntniss nach den alten Quellen ausgearbeitete Werk, ist leider verloren gegangen, und war es wahrscheinlich schon vor dem ersten Jahrhunderte n. Chr. Ausser einigen längeren von Josephus wörtlich angeführten Bruchstücken existirt jetzt nur ein nacktes Gerippe von Dynastie- und Königsreihen mit beigefügten Regierungsjahren und einzelnen Anmerkungen hier und da. Diese aus dem Werke ausgezogenen Königslisten, wodurch eben das Werk selbst in Vergessenheit gerieth, sind in die Werke mehrerer Christlichen Chronographen aufgenommen worden, und auf diese Weise in verschiedenen Recensionen auf uns gekommen.

Die Listen wurden in mehrere Götter- und Menschendynastien eingetheilt.

Unter den Aegyptischen Nachfolgern Manethos muss es genügen nur die Namen zu nennen: Ptolemäus, ein Mendesicher Priester, älter als Josephus; der Libyer Apion, der im ersten Jahrhunderte n. Chr. lebte, und der etwas ältere Chäremon.

Unter den Griechischen Chronographen müssen besonders Eratosthenes und Apollodor hervorgehoben werden.

Der Erstere, der, wie bekannt, in der Griechischen Pflanzstadt Kyrene um 276 vor Christus geboren, wahrscheinlich unter Ptolemäus Evergetes zu der ehrenvollen Stelle eines Vorstehers der Alexandrinischen Bibliothek gelangte, hat, wie der Chronograph Georgius Syncellus berichtet[1], „eine andere Herrscherfolge derjenigen Aegyptischen Könige verzeichnet, die man die Thebanischen nennt. Es sind 38 Könige in 1076 Jahren. Diese Folge geht vom 2900sten Jahre der Welt bis zum 3975sten. Eratosthenes (sagt Apollodor) verschaffte sich die Kenntniss dieser Könige aus Aegyptischen Denkschriften und Namenslisten, auf Befehl des Königs und übertrug sie ins Griechische folgendermassen." Die Namen und Regierungsjahre dieser Könige sind uns in dem chronologischen Werke des Syncellus aufbewahrt.[2] Da es später wird nothwendig werden, etwas näher bei dieser Quelle zu verweilen, um ihre Bedeutung für die Aegyptische Chronologie zu bestimmen, so will ich hier nur darauf aufmerksam machen, dass Eratosthenes aus Thebanischen Quellen geschöpft hat, und dass er nicht mehr als 38 Könige aufzählt, die nur ein kleiner Theil von der ganzen Anzahl Aegyptischer Könige sind.

Der Athenienser Apollodor (c. 140 v. Chr.) setzte die chronologischen Forschungen des Eratosthenes fort. Obgleich er eine Darstellung der Griechischen Mythen geliefert, Commentare und grammatische Werke geschrieben hat, war er doch eigentlich Chronograph vom Fach und wird oft als solcher citirt. Syncellus sagt, nachdem er die Aufzählung der 38 Eratosthenischen Könige

---

[1] Sync. Chronog. p. 91 b.
[2] Bei Sync. p. 91—148.

beschlossen hat: „Derselbe Apollodor hat drei und funfzig, diesen (den Eratosthenischen) unmittelbar folgende Könige überliefert: wir erachten es aber für überflüssig, die Namen derselben hier auszuschreiben, da sie uns von gar keinem Nutzen sind: sind es doch nicht einmal die Namen, die ihnen vorhergehen." Dies ist das einzige, was uns von Apollodors Aegyptischer Chronologie übrig ist, und es würde hier gar nicht genannt worden sein, wenn nicht Bunsen auf diese Grundlage wichtige Schlüsse gebaut hätte.

Die hier genannten Werke der Griechisch-Aegyptischen Chronographen sind leider verloren; was jetzt noch von ihnen vorhanden ist, ist uns von späteren Chronographen überliefert worden. Unter diesen muss besonders genannt werden Julius Africanus, Priester oder Bischof von Emmaus-Nikopolis in Judäa, der im Anfange des dritten Jahrhunderts ein chronologisches Werk in fünf Büchern verfasste. Er scheint der erste Chronograph zu sein, der ein bestimmtes System für die alttestamentliche Chronologie aufgestellt hat. In dies konnte er zwar nicht die Aegyptischen Königsreihen Manethos hineinpassen; da aber das Manethonische Werk ein so grosses Ansehen hatte, dass ein Chronograph sie nicht ausser Acht lassen konnte, so musste Africanus sich damit begnügen nur die Manethonischen Listen abzuschreiben, ohne sie in sein System einfügen zu können, möglicherweise um dadurch zugleich zu zeigen, wie ungereimt und unvernünftig die mehrtausendjährigen Königsreihen der heidnischen Chronographen seien. Nun ist es ein recht glücklicher Umstand, dass Africanus, wie die geretteten Fragmente zeigen, ein gelehrter und redlicher Mann war, und da er zugleich der erste uns bekannte Herausgeber der Manethonischen Listen ist, so können wir schon im Voraus hoffen, sie bei ihm in ihrer reinsten, mindst entstellten Form zu finden. Dies bestätigt sich auch bei näherer Prüfung und besonders, wenn man sie mit den Aegyptischen Denkmälern selbst zusammenhält. Das Africanische Werk ist zwar verloren gegangen; Syncellus aber hat uns seine Manethonischen Listen aufbewahrt.

Der nächste Herausgeber der Manethonischen Listen war der

berühmte Geschichtschreiber Eusebius, Bischof von Cäsarea, im Anfange des vierten nachchristlichen Jahrhunderts. Er hatte nicht das Manethonische Werk vor sich; er hat offenbar wesentlich nur Africanus abgeschrieben, und wenn er dessenungeachtet oft von ihm abweicht, so rührt dies entweder daher, dass er andere Redactionen von Manethos Werk neben der Africanischen gehabt hat, oder daher, dass er, um eingebildeter synchronistischer Forderungen willen, willkürlich und leichtsinnig die ihm vorliegenden Verzeichnisse veränderte. In seinem grossen synchronistischen Werke suchte er nämlich Uebereinstimmung zwischen der Chronologie der heidnischen Völker und der biblischen, die für ihn den Ausgangspunkt und die Grundlage bildete, herzustellen. Die Aegyptischen Jahre reducirte er auf Monate, und andere Nichtübereinstimmungen suchte er durch die übrigens ganz richtige Annahme, dass einige der 30 Dynastien Manethos gleichzeitig regiert hatten, auszugleichen. Wir haben hier also eine kritische, tendentieuse Behandlung, nicht eine naiv treue Ueberlieferung. Da uns hier nicht die Kritik des Eusebius, sondern nur Manethos Listen von Wichtigkeit sind, so hat sein synchronistisches Werk wesentlich keine andere Bedeutung für uns, als dass es die Treue des Africanus bezeugt. Das Original existirt nicht mehr, und wir kennen das Werk nur durch eine unvollständige lateinische Uebersetzung von Hieronymus, und eine später gefundene armenische, sowie durch die von Syncellus mitgetheilten Auszüge.

Wir wenden uns jetzt dem öfter genannten Constantinopolitanischen Mönch und Vicepatriarchen Georgius Syncellus (d. h. Concellaneus oder Zellgenosse des Patriarchen) zu, der c. 800 n. Chr. lebte. Er hat ein grosses chronologisches Werk geschrieben, in dem er alle ihm bekannten Zeitangaben synchronistisch zu bestimmen und einzuordnen sucht; hier finden sich Assyrische, Lacedämonische, Corinthische, Römische und Hebräische Königsreihen, und ihre Ordnung ist in dem synchronistischen System angegeben. Die alttestamentliche Chronologie bildet natürlicherweise die Grundlage, und wie strenge und ängstlich der Verfasser in dieser Beziehung verfährt, zeigt sich gleich im Anfange seines Werkes, wo er angiebt, dass der Herr Gott die Welt zu schaffen anfieng den ersten Tag des Hebräischen Monats Nisan, der, wie er behauptet, mit dem 25 Tage des Römischen Monats Martius und dem 29 Tage des Aegyptischen Monats Phamenoth zusammenfiel. Wir haben hier nichts mit seinen synchronistischen Träumereien zu schaffen; es ist uns allein von Wichtigkeit, dass man nur durch ihn die Africanisch-Manethonischen Listen, die chronologischen Bestimmungen Eratothenes und Apollodors und zum Theil das Eusebische Werk kennt. Diese werthvollen Quellen hat er uns treu überliefert; das können wir in Bezug auf Africanus mit Bestimmtheit daraus schliessen, dass seine Manethonischen Listen mit den Aegyptischen Denkmälern stimmen, und in Bezug auf Eusebius daraus, dass die Syncellische Reduction übereinstimmend mit der davon unabhängigen Armenischen Uebersetzung des Eusebischen Werkes ist. Da die Treue des Syncellus in Bezug auf diese feststeht, so haben wir vollen Grund anzunehmen, dass er uns auch Eratosthenes und Apollodor treu überliefert hat, obgleich wir ihn hier nicht controlliren können. Er konnte natürlicherweise nicht die ächt Manethonischen Listen in seine synchronistischen Tafeln einfügen; er musste sich damit begnügen, sie unter stetem Proteste gegen ihre Richtigkeit neben den Tafeln anzuführen.

Von Manethos Listen existirten zu Syncellus Zeit mehrere verschiedene, von einander abweichende Redactionen; ausser den bei Africanus und Eusebius genannten, sind noch zwei andere vorhanden, und unter den Namen: „Das alte Chronikon" und „Die falsche Sothis" bekannt, die wir auch nur durch Syncellus kennen. Es war allein die in der falschen Sothis vorgefundene, von Panodor und anderen christlichen Chronographen schon früher nach der alttestamentlichen Zeitrechnung gemodelte Redaction, die Syncellus für die beste hielt und deshalb vorzugsweise in seinen Kanon aufnahm.

Das labyrinthische Gewirr aller von einander abweichenden Redactionen des Manethonischen Werkes hat den Kritikern viele Schwierigkeiten gemacht; darüber aber kann doch kein Zweifel mehr obwalten, dass man nicht die vielen Redactionen verbinden kann, sondern sich nur an die eine halten muss, und dass diese eine ohne Widerrede die Africanische ist; bei dieser ist Bœckh in seinem in kritischer Beziehung vorzüglichem Werke über Manetho stehen geblieben, und diese allein stimmt, wie gesagt, mit den Aegyptischen Denkmälern überein. Der von Manetho herrührenden Familie der Aegyptischen Königslisten stehen die von Eratosthenes und Apollodor überlieferten gegenüber. Während Manetho aus Memphitischen Quellen geschöpft hat, finden wir bei den Letzteren Thebanische Aufzeichnungen. Das Verhältniss der beiden Familien wird später angegeben werden.

Die Aegyptischen Schriftmonumente.

Die zweite Hauptgruppe von Quellen der Aegyptischen Chronologie bilden die Aegyptischen Schriftmonumente selbst. Diese können wieder in zwei Familien getheilt werden, deren eine die hieroglyphischen Inscriptionen der Denkmäler, und die andere die hieratische Papyruslitteratur umfasst.

Die hieroglyphischen Inscriptionen geben eine grosse Menge einzelner Zeitbestimmungen, wie einzelne Regierungsjahre der Könige, astronomische Beobachtungen u. s. w.; im besten Falle können sie uns sagen, wie lange dieser oder jener König regiert hat; da sie aber nicht nach einer bestimmten Aere geordnet sind, so können sie uns keine Königsreihen geben. Die astronomischen Zeitangaben bestimmen zwar die absolute Zeit der Regierung des betreffenden Königs, aber nicht der übrigen Könige, von denen solche Angaben fehlen. Da wir aber so glücklich sind, die obengenannten Manethonischen Königslisten zu besitzen, können die Monumentalinscriptionen dazu dienen, die Listen zu corrigiren oder zu bestätigen, und in dieser Beziehung sind sie unfehlbar, wenn man sie nur richtig versteht und benutzt. Indessen sind doch einige der hieroglyphischen Darstellungen auch dazu dienlich wenigstens theilweise Königsreihen abzugeben, da sie Könige in Relation zu den vorhergehenden und nachfolgenden stellen. Unter diesen müssen besonders die Tafeln von Karnak und Abydos genannt werden. Die erste findet sich in dem von Tuthmosis dem 3ten erbauten Theil des Tempelpalastes von Theben oder dem jetzigen Dorfe Karnak und wird von Bunsen folgendermassen beschrieben[1].

Denken wir uns ein ziemlich geräumiges Gemach, welches ein regelmässiges Viereck bildet. Dieses Gemach hat eine, nicht sehr grosse Thüre, und zwar in der Mitte der einen Seite. Beim Eintreten durch dieselbe erblickt man an den Wänden eine in Stuck gearbeitete Darstellung sitzender Könige in vier Reihen, die eine über der andern. Die Könige sitzen auf Thronen, deren Rücklehnen, gerade der Thür gegenüber, an einander stossen. So ist also in jeder der vier Reihen die eine Hälfte mit dem Angesicht links gewandt, die andere rechts. Hier und dort nun sitzen in einer jeglichen Reihe je acht (ausnahmsweise sieben) Könige: die ersten drei derselben befinden sich an der dem Eingange gegenüber liegenden Wand, welche also in ihrer ganzen Breite sechs in jeder Reihe darbietet: die übrigen fünf (oder vier) an der, rechts oder links anstossenden, Seitenwand. Vorn am Ende jeder Seitenwand, den Königen gegenüber, steht zweimal, oben und unten (oder nach Lepsius vielleicht nur einmal, nämlich unten) die riesige Gestalt des opfernden Königs, Tuthmosis des Dritten, des ruhmvollen fünften Herrschers der achtzehnten Dynastie. Sie hat gerade die Höhe von je zwei der vier Reihen, so dass sie einmal den beiden obern, einmal den beiden untern gegenüber steht. Vor ihm sieht man Opfertische mit Gaben, welche bald mehr, bald weniger Felder der Königsreihen einnehmen. So kommt es, dass die Königsreihen links 31 Könige enthalten (8 + 8 + 7 + 8), die rechts 30 (8 + 8 + 7 + 7). Ueber dem Haupte eines jeden der sitzenden Könige steht dessen Königsschild, mit den bekannten Titeln der Pharaonen. Jeder König streckt seine Rechte aus, um die dargebotenen Opfergaben zu empfangen. Der opfernde König selbst hält in der einen Hand das Zeichen des Lebens (den sogenannten Nilschlüssel), die andere hebt er empor, jenen Königen die Gaben darbietend, welche vor ihm auf Opfertischen ausgebreitet liegen. Damit uns kein Zweifel

---

[1] Aegyptens Stelle in der Weltgeschichte I. 63.

bleibe, wer diejenigen seien, welchen jener Herrscher die Gaben
darbringt, sagt die an der rechten Seite erhaltene Inschrift:

„die königliche Opfergabe
für die Könige der beiden Aegypten (Ober- und Unterägyptens).'"

So lautet Bunsens Beschreibung. Hier hat man also, sollte
man meinen, eine bedeutende Königsreihe bestimmt; aber so ist
es leider nicht; denn theils sind mehrere Namen unleserlich;
theils finden sich hier Namen, die man sonst nicht kennt und
darum nicht brauchen kann; theils endlich stehen die wiederge-
kannten Namen nicht in der Ordnung, worin die dadurch bezeichneten Könige einander in der Regierung gefolgt haben müssen.
Die Schwierigkeiten der Erklärung sind so gross, dass einige
Aegyptologen der Tafel jeden geschichtlichen Werth abgesprochen
haben. Dies ist jedoch wohl etwas voreilig. Schon im Voraus
muss man es wahrscheinlich finden, dass man hier zum grössten
Theil Namen der Könige vor sich hat, die in Theben als Vasallen
unter den in Memphis residirenden Hyksoskönigen regierten, da
Tuthmosis der 3te kurze Zeit nach ihrer Vertreibung lebte. Manetho führt die Namen dieser Vasallenkönige nicht an; er sagt nur,
dass ihre Anzahl 60 war, und dass sie 453 Jahre herrschten.
Die kurze Mittelzeit von 7—8 Jahren für jede der 60 Regierungen,
— möglicherweise in dem Argwohn der Hyksoskönige gegründet,
indem sie ihre Thebanischen Unterkönige, um sie sich nicht in
ihrer Macht befestigen zu lassen, häufig ab- und einsetzten, —
deutet Schwachheit an, was auch die geringe Zahl der Monumente aus dieser Zeit zu bezeugen scheint. Alles dessen ungeachtet ist es doch nicht ganz unmöglich, den Platz der in der
Karnaktafel genannten Könige in der Geschichte zu bestimmen.
Wenn man sie mit den übrigen Denkmälern und besonders dem
hieratischen sogenannten Turiner Königspapyrus vergleicht, kommt
man bald zu der Ueberzeugung, dass die Könige zur rechten Seite
des in das Gemach Eintretenden jenen 60 Königen der 13ten

---

[1] Wahrscheinlich richtiger muss die Inschrift übersetzt werden: „Ich bringe königliche Opfergabe den Königen des (Aegyptischen) Volkes dar." Die Biene
bedeutet nach Chabas: plebs, populus; suten chibu also: rex populi.

Manethonischen Dynastie, und die zur linken Seite theils der 6ten, theils der 12ten Dynastie angehören. Indessen muss doch bemerkt werden, dass sie nicht alle in derselben Ordnung aufgeführt worden sind, in der sie sich in der Regierung gefolgt haben; die Umstellung ist vielleicht des Rangs oder der Verwandtschaft wegen vorgenommen worden. Hier ist indessen nicht der Ort dies im Enzelnen zu verfolgen, und wir wenden uns darum gleich der Abydostafel zu.

Sie wurde in einem Gemach des Ramses Tempelpalastes von Abydos gefunden; später aber ist sie von der Wand abgelöst worden und findet sich jetzt im Brittischen Museum. Ramses der Grosse sitzt auf seinem Thron mit dem Gesicht gegen zwei Reihen von Königsschildern gewendet, jede Reihe 26 Namen enthaltend. 21 Namen sind zerstört, die meisten übrigen dagegen vollkommen leserlich und auch anderswoher bekannt. Hier entsteht wieder die Frage, ob die Königsschilder in derselben Reihe stehen, in der sich die damit bezeichneten Könige auf dem Thron folgten; an diesem Ort aber muss es genug sein nur die Frage anzudeuten; später werden wir Gelegenheit bekommen dazu zurückzukehren. Die Abydostafel ist von den ersten Tagen der hieroglyphischen Wissenschaft ab als eine der wichtigsten Quellen der Aegyptischen Chronologie betrachtet worden, und ihre Benutzung ist jetzt leicht, nachdem Lepsius endeckt hat, dass die 13te, 14te, 15te, 16te und theilweise 17te Dynastie in der Tafel übergangen worden sind. Ausser diesen zwei Tafeln finden sich auf den Denkmälern andere kürzere und unvollständigere Königsreihen, die aber von keinem grossen Belang sind.

In der Papyruslitteratur ist besonders der sogenannte Turiner Königspapyrus eine wichtige chronologische Quelle. Zu seiner Geschichte entnehmen wir Bunsen Folgendes[1]:

„Der aus der Napoleonischen Zeit und durch seine Liebe zur Aegyptischen Kunst rühmlich bekannte Französische Generalconsul Drovetti brachte nach Europa eine Papyrusrolle mit, die nebst der übrigen herrlichen Sammlung, von den Bourbonen verschmäht,

---

[1] Aeg. St. in der Weltg. I. 82 u. flg.

dem Turiner Museum zu Theil ward. Sie blieb dort, als eine Masse unleserlicher Bruchstücke eines hieratischen Papyrus, verkannt liegen, bis Champollion sie im Jahre 1824 entdeckte, und in einem wissenschaftlichen Blatte eine Anzeige davon machte. Er erkannte sogleich, dass dieser Papyrus eine alte Liste der Aegyptischen Königsdynastien enthalte, und unternahm, mit Verschmähung der kleineren, die Hauptbruchstücke zu ordnen. So fand Seyfferth im Jahr 1826 die 14 Zoll hohe und 6 Fuss lange Handschrift nach zwölf Spalten geordnet, deren jede 26—30 Zeilen und fast eben so viele Königsnamen enthielt: Reste waren da von mehr als 200 Königen; nach der Menge der unzusammenhängenden Bruchstücke müssen es aber wenigstens 250 gewesen sein. Auf der Rückseite standen Rechnungen, in welchen beiläufig der Name von Ramses vorkommt. Wenn man schon hiernach die Abfassung in die 19te Dynastie, also die erste Epoche des neuen Reiches setzen muss, so führen dahin auch noch zwei andere Umstände. Kein einziger Name der 18ten oder 19ten Dynastie, weit weniger ein späterer, kommt in der Liste vor. Die hieratische Schreibart ist aber so genau die von andern Handschriften, welche, der Ueber- oder Unterschrift nach, jener Epoche zugehören, dass man sie, nach paläographischen Gründen, die wenigstens so gut sind, als die bei den Griechischen und Lateinischen Handschriften allgemein angewandten, nicht anders als in jene Zeit setzen kann.

Es ist Seyfferths grosses Verdienst, — und wir freuen uns doppelt, es anzuerkennen, da wir seine übrigen Versuche auf dem Felde der Aegyptischen Forschung für verfehlt halten müssen — dass er keine Mühe gescheut, die unschätzbare Handschrift dauernd herzustellen, und mit gewissenhafter Treue die kleinen, von Champollion verworfenen Stückchen jener einzuverleiben, oder wenigstens zu sichern.

Dies vernahm Lepsius von den Vorstehern jener Sammlung, als er im Jahre 1835 die Schätze derselben durchmusterte. Er machte sich von dem Ganzen eine genaue und vollständige Zeichnung. Leider fand er einige Stücke nicht mehr, die Champollion noch gesehen und abgeschrieben, und die Salvolini nach dessen Tode herausgegeben. Im Jahre 1838 erhielt er in Paris, durch die Freundlichkeit des Bruders, Einsicht in Champollions Arbeit, und in London durch Herrn Samuel Birch, am Brittischen Museum, Mittheilung der Seyffertschen Anordnung. Er fand, dass beide Gelehrte im Wesentlichen dieselbe Anordnung, nach 12 Bruchstücken, gemacht hatten. Als nun im Jahr 1840 Lepsius folgenreiche Entdeckung der 12ten Manethonischen Dynastie in jenem Papyrus die genaueste Durchzeichnung einer Zeile dieses Bruchstückes wichtig machte, worin sich eine verschiedene Lesart bei Salvolini und Champollion fand, unternahm jener Gelehrte eigens eine zweite Reise nach Turin, um über den Thatbestand dieser Urkunde auch nicht den geringsten Zweifel übrig zu lassen. Die gegenwärtige Herausgabe der Bruchstücke (von 1842) ist also wohl eine so gewissenhafte und getreue Nachbildung, als jemals von einem Denkmale des Alterthums erschienen."

Die erste und ein Theil der zweiten Spalte enthällt Götternamen, die uns hier nicht angehen. In der 11ten Linie fängt die Königsreihe mit Menes an, und diesem folgen beinahe 140 mehr oder weniger vollständig erhaltene Namen, deren einige zwar nur ein oder zwei Zeichen übrig haben. Die Könige sind in Dynastien getheilt und bei jedem Könige war die Regierungszeit in Jahren, Monaten und Tagen angegeben; am Ende jeder Dynastie fand sich die Summe der seit Menes, dem ersten Könige, verflossenen Jahre beigefügt; hiervon sind auch einige Bruchstücke vorhanden. Hier haben wir also eine Königliste ganz auf dieselbe Weise verfasst, wie die Manethonische, und dass diese die Regierungszeit in Jahren, Monaten und Tagen angiebt, was uns im ersten Augenblicke sonderbar, ja verdächtig scheint, finden wir durch Vergleichung mit dem Turiner Papyrus ganz natürlich. Was indessen die mehr specielle Vergleichung der einzelnen Königsnamen in den zwei von einander unabhängigen Listen sehr schwierig macht, ist theils der Umstand, dass die Manethonische Liste aus Memphitischen, der Turiner Papyrus aber aus Thebanischen Quellen entstanden ist, theils dass jene die Könige mit ihren Familiennamen, dieser dagegen sie grössten Theils mit ihren officiellen, nach der Thronbesteigung angenommenen Königsnamen nennt, jedenfalls von der Zeit an, da die Könige diese Doppelnamen zu gebrauchen anfingen, was schon in der Zeit der sechsten Dynastie stattfand. Dazu kommt, dass der Papyrus am besten conservirt ist bei den Dynastien, die Manetho nur nach der Anzahl der Könige, nicht mit den Namen derselben aufführt, z. B. die 13te Dynastie, wo Manetho bloss die Summe 60 Könige und 453 Jahre giebt. Mit der Karnaktafel dagegen lässt der Papyrus sich mit grösserem Nutzen vergleichen, und in den beiden Quellen lassen sich wenigstens 11 identische Königsnamen aufzeigen. Ich gebe die Liste:

	Der Papyrus.	Die Tafel
Ra-neb-chru	Frag. 63.	No. 29.
Ra-scha-nofr- (Sebek-hotep) .	— 79.	— 33.
Ra-scha-hotep	— 81.	— 46.
Ra-mer-hotep	— 81.	— 50.
Ra-ser-ta-ti	— 72.	— 51.
Ra-sanch-het	— 72.	— 37.
Ra-chem-ser-ta-ti- (Sebek-hotep)	— 76 u. 78.	— 36.
Ra-mer-ka	— 87.	— 42.
Ra-scha-nofri	— 97.	— 33.
Ra-nofr-ka (Ra-snofr-ka) . .	— 101.	— 30.
Ra-user(n)	— 142.	— 27.

Zweite Abtheilung.

Kritik der bisher aufgestellten Systeme der Aegyptischen Chronologie.

Vorbemerkung.

Die in der ersten Abtheilung genannten Quellen sind auf vielfache Weise gebraucht worden, um die Aegyptische Chronologie zu bestimmen. Einige sind allein von den in der Griechischen Litteratur erhaltenen Quellen ausgegangen, ohne Bezug auf die Aegyptischen Denkmäler zu nehmen. Andere haben beinahe ausschliesslich die letztgenannten benutzt mit Zurücksetzung der ersten, die allzu verwirrt und einander widersprechend seien, um eine feste Grundlage der Chronologie bilden zu können. Einzelne endlich haben versucht, die beiden Quellengruppen mit einander zu verbinden. Indem ich vorläufig bemerke, dass dieser Weg, obwohl der ungleich schwierigere, doch der einzig richtige ist, gehen wir zu den einzelnen Systemen über.

Böckhs System.

Es liegt nicht in unserem Plane bei den Arbeiten Scaligers, Marshams und der übrigen früheren Chronographen zu verweilen. Wir wenden uns gleich den neueren zu, und besprechen unter diesen zuerst Böckhs System. Dieser ausgezeichnete Gelehrte hat in einem Werke: „Manetho und die Hundssternperiode, Berlin 1845" die Aegyptische Chronologie behandelt. Man kann schon im Voraus wissen, dass ein so hervorragender Gelehrter, wenn er sich eine Frage stellt, immer wesentliche Beiträge zur Lösung derselben liefern wird, und dies bestätigt sich auch bei näherer Prüfung seines Werkes, wo er seine gewöhnliche Ueberlegenheit darlegt. Es ist sein grosses Verdienst, dass er durch kritische Untersuchung der verwirrenden Manichfaltigkeit von überlieferten Redactionen der Manethonischen Dynastielisten es einleuchtend gemacht hat, dass man sich nur an die Africanische zu halten hat, und dass die früher so beliebte eklektische Benutzung der verschiedenen Redactionen verwerflich ist. Wie scharfsinnig, gesund und richtig seine Kritik gewesen ist, ersieht man deutlich genug daraus, dass er allein durch das schwierige Zusammenhalten der vielen gegenseitig streitenden Redactionen der Manethonischen Listen zu demselben Resultate gekommen ist, das auch die Aegyptischen Monumente als das einzig richtige anzeigen. Die Monumente benutzte Böckh nämlich nicht; dies lag nicht in seinem Plane. Er wollte nur die Manethonischen Listen von den vielfachen Entstellungen und Zusätzen befreien, die von Jüdischen und Christlichen Schriftstellern der biblischen Chronologie willen vorgenommen waren; nachdem er sie aber zu ihrer ursprünglichen Form zurückgebracht hatte, suchte er darzuthun, dass die Manethonische Chronologie eine Bildung geschichtlicher und astronomischer Bestimmungen sei. Indem er so durch diese seine kritische Arbeit einerseits wesentlich Manethos Werth vergrössert hat, da wir jetzt wissen, an welche Redaction wir uns zu halten haben, hat er andererseits durch die aufgestellte eigenthümliche Theorie der Benutzung der Listen dieselben wieder dessen zu berauben gesucht, was er ihnen zuerst gegeben hatte. Da Böckh nun in dieser Beziehung unzweifelhaft, eben weil er nicht die Monumente zu gebrauchen wusste, vollständig auf Irrwege gerathen ist, so könnten wir füglich seine Theorie ausser Betracht lassen; indessen stehen so viele für die Aegyptische Chronologie wichtige Fragen mit derselsen in Verbindung, dass es nothwendig sein wird, sie etwas näher zu betrachten.

Böckh macht zunächst die unrichtige Behauptung, dass Manethos 30 Dynastien von diesem als aufeinanderfolgende angesehen worden seien, und indem er die Regierungsjahre aller Dynastien zusammenrechnet, kommt die Summe von 5366 Aegyptischen Jahren heraus, in Folge dessen Menes, der erste König, die Regierung im Jahre 5702 v. Chr. angetreten haben würde. Da wir aber hierdurch in eine Zeitferne zurück gelangen, „aus welcher eine geschichtliche Ueberlieferung anzuerkennen besonnenes und vorsichtiges Urtheil sich sträubt, und die am wenigsten mit der biblischen Zeitrechnung irgendwie vereinbar ist," so schliesst Böckh, dass man Manethos Chronologie völlig geschichtlichen Werth absprechen müsse, und behauptet, dass dieser, indem er sein System auf astronomische Perioden aufbaute, rein theoretische Cyklen in geschichtliche Zeiträume verwandelt habe. Wäre diese Behauptung wahr, so würde Manetho jeden Werth verlieren, und es ist nicht abzusehen, warum Böckh so viel Zeit und Scharfsinn verwenden wollte, um das bedeutungslose System eines Träumers zu reconstruiren. Glücklicherweise aber ist es nicht so. Böckh ist durch seine Theorie eben so sehr auf Irrwege gekommen, wie die von ihm selbst getadelten früheren

Harmonisten, die durch Reductionen der Jahre auf Monate oder
Tage, oder durch andere ähnliche Kunststücke eine illusorische
Uebereinstimmung des Manetho mit anderen chronologischen Systemen
herzustellen gesucht haben. Die Correctionen, die er in
den überlieferten Zahlen zu Gunsten seines Systems vorgenommen
hat, sind zwar nicht so willkürlich, wie diejenigen, die er an
seinen Vorgängern rügt; sie sind aber immerhin bedenklich genug;
so corrigirt er, um doch ein Beispiel zu nennen, die 3555 Jahre,
die Manetho für die Dauer des Aegyptischen Reiches giebt, in
5355 Jahre, um eine annähernde Uebereinstimmung mit seinen
eigenen 5366 Jahren zu erhalten. Jede Correction der Quellen
aber ist überhaupt bedenklich, indem man ja, wenn man sich
dies erlaubt, Alles, was man wünscht, beweisen kann, und dies
ist auch der Felsen, an dem alle bisher aufgestellten chronologischen
Systeme gescheitert sind. Ich hoffe in dem Folgenden darthun
zu können, dass es ohne eine einzige Correction der Africanischen
Redaction möglich ist, eine vollständige Uebereinstimmung der
überlieferten Zahlen nicht nur mit sich selbst gegenseitig, sondern
zugleich mit den Aegyptischen Denkmälern herzustellen. Was
nun Böckhs System betrifft, so beruht es auf der falschen Voraussetzung,
dass Manetho seine Chronologie aus proleptischen Hundsstern-
oder Sothisperioden gebildet habe. Wir wollen diesen
Ausdruck erklären. Der Hundsstern, Sirius, oder wie er auf
Aegyptisch hiess, Sothis, ging heliakisch auf, das heisst, trat aus
dem Sonnenlichte, nach einem Umlaufe von $365\frac{1}{4}$ Tagen, hervor.
Da dies Himmelphänomen ursprünglich gleichzeitig mit dem Steigen
des Nils, nämlich den 20sten Juli des Julianischen Kalenders,
eintraf, so mussten die alten Aegypter es bald bemerken. Das Sothisjahr
hatte also $365\frac{1}{4}$ Tage; da die Aegypter aber ein bürgerliches
Jahr von 365 Tagen hatten, so musste sich das leztere als
ein bewegliches Jahr jedes fünfte Jahr einen Tag von dem natürlichen
Sothisjahr entfernen. Der Sothis, der im Jahre 5702 v.
Chr. den ersten Thoth, den ersten Tag des Aegyptischen Jahres
heliakisch aufging, erschien zum ersten Male nach einem Verlauf
von vier Jahren wieder am Morgen des zweiten Thoth in dem

bürgerlichen Kalender, nach acht Jahren am Morgen des dritten
Thoth u. s. w., bis er wieder nach $365 \times 4 = 1460$ Sothisjahren,
oder 1461 Aegyptischen Jahren heliakisch am ersten Thoth des
bürgerlichen Kalenders aufging, was also im Jahre 4242 v. Chr.
eintraf. Mit diesem Jahre fing folglich die zweite Sothisperiode,
die dritte im Jahre 2782 v. Chr. und die vierte im Jahre 1322
v. Chr. an. Der Anfang der letztgenannten Periode, mit dem die
sogenannte Menophres Aere anfing, und der der nächstfolgenden
Sothisperiode im Jahre 139 n. Chr. ist von dem Grammatiker
Theon, dem Clemens Alexandrinus und Mehreren ausdrücklich
angegeben, und es kann daher kein Zweifel sein, dass die Aegypter
wirklich die Sothisperiode kannten. Es kann mithin nur die Frage
sein, von welcher Zeit an sie gekannt oder benutzt wurde, und da es
jedenfalls gewiss ist, dass dies nicht schon im Jahre 5702 v. Chr.
stattfand, so muss Böckh, der dies Jahr als das erste der Manethonischen Königslisten setzt, annehmen, dass Manetho dieses, vom
Anfange der letzten Periode im Jahre 1322 v. Chr. an rechnend,
bekommen habe. Hätte aber Manetho das Jahr 5702 v. Chr. als
das erste angenommen, weil eine aufs Gerathewohl gegriffene
proleptische Sothisperiode damit anfing, nicht weil die in seinen
Quellen vorgefundenen Königsreihen in diese Zeit hinaufreichten,
so würde Manetho einen theoretischen Cyklus in geschichtliche
Zeiträume verwandelt haben, die er denn mit fingirten Dynastien,
mit fingirten Königen und mit fingirten Regierungsjahren so gut
wie irgend möglich ausfüllen musste — und seine Listen wären
ohne geschichtlichen Werth. Dies ist aber glücklicherweise nicht
so. Die Quellen, die Manetho offen standen, waren von einem
ganz anders bestimmten Charakter, als eine solche Benutzung
voraussetzt. Wir haben gesehen, dass der Turiner Königspapyrus, der um 1000 Jahre vor Manethos Zeit niedergeschrieben wurde, die Regierungszeit jedes Königs in Jahren, Monaten und Tagen angiebt, und am Ende jeder Dynastie die Summe der Jahre
mit Angabe der seit Menes verflossenen Zeit hinzufügt. Es ist
durchaus nicht anzunehmen, dass ein Mann, wie Manetho, dessen
die Schriftsteller einstimmig mit so grosser Verehrung erwähnen,

so zuverlässige Quellen zur Seite setzen wollte, um sein eigenes Hirngespinnst an die Stelle derselben zu bringen. Es mag sein, obwohl sich nichts Bestimmtes davon sagen lässt, dass er die Regierungsjahre, die in den alten Quellen nach Menes Aere angegeben waren, nach Sothisperioden geordnet habe, aber dies ist nur eine Umsetzung von einer Aere in eine andere, wie wir die Olympiaden in Jahre vor und nach Christus umsetzen, und es konnte Manetho doch nicht in den Sinn kommen, solch ein unbesonnenes Experiment vorzunehmen, wie ihm Böckh imputirt. Es würde eben so verkehrt sein, als wenn wir, um Olympiaden in unsere Zeitrechnung umzusetzen, das erste Jahr der ersten Olympiade dem ersten Jahre n. Chr. gleich setzten, ja noch verkehrter; denn im letzten Falle würde der Fehler nur 777 Jahre sein, während Manetho in dem von Böckh angenommenen Falle beinahe 2000 Jahre geirrt hätte. Ein solches Spielen mit Zahlen kann vernünftigerweise nicht bei einem hoch gepriesenen Manne vorausgesetzt werden, der sich die Aufgabe gestellt hat, die Geschichte seines Vaterlandes nach alten zuverlässigen Quellen zu ordnen. Und Böckh würde es wohl auch nicht vorausgesetzt haben, wenn er jenen Turiner Königspapyrus, der ein so helles Licht über die Quellen Manethos wirft, genügend gekannt hätte. Schon diese Betrachtung würde hinreichen um zu zeigen, dass Böckhs System unhaltbar ist, aber auch andere factische Umstände machen es unmöglich. Manetho hat nämlich nicht, so wie Böckh wähnt, das Jahr 5702 v. Chr., das das erste einer Sothisperiode ist, als das erste Jahr der Aegyptischen Könige gesetzt. Denn auch vorausgesetzt, dass alle 30 Dynastien nach einander regiert hätten, würde doch nicht die Summe ohne Aenderungen im Texte 5366 Jahre, wie Böckhs System fordert, sondern 5339 Jahre betragen. In den Manethonischen Listen sind gewöhnlich die Regierungsjahre der einzelnen Könige aufgeführt, und zugleich am Ende jeder Dynastie die Summen gezogen. Nun stimmen bei sieben Dynastien nicht die überlieferten Summen mit den einzelnen Posten überein. Aber anstatt consequent entweder den einzelnen Posten oder den Summen zu folgen, hat Böckh in zwei Fällen die von den einzelnen Posten gezogenen Summen, in fünf anderen aber die überlieferten, von den einzelnen Posten abweichenden Summen in seinen Kanon eingetragen. Dies scheint ein wenig willkürlich zu sein, aber er hat dadurch erreicht, dass die geforderte Zahl, 5366 Jahre, herauskam. Das Richtige ist zweifelsohne hier, sich nur an die einzelnen Posten zu halten, was auch Scaliger strenge gethan hat, da die beigefügten Bemerkungen, zu denen auch die Summenangaben gehören, im Allgemeinen verdächtig sind, und in einzelnen Fällen mit Bestimmtheit als nicht ächt Manethonisch nachgewiesen werden können. Und wenn man sich an die einzelnen Posten hält, kommt eine Summe von 5339 Jahren heraus. Der Unterschied ist indessen nicht bedeutend, und die wenigen Correctionen sind minder willkürlich, und man würde sich damit vielleicht zufrieden geben können, wenn man nur mit einer ungefähren Bestimmung zu thun hätte; man sieht aber leicht ein, dass man eine vollständige Uebereinstimmung erwarten, ja fordern müsste, wenn die Manethonische Chronologie auf theoretische Cyklen gebaut, oder mit andern Worten nur ein Rechenstück wäre. Grösser und willkürlicher ist Böckhs Aenderung der für die Dauer des Aegyptischen Reiches überlieferten 3555 Jahre, die er, wie oben erwähnt, in 5355 Jahre corrigirt; da indessen diese so verbesserte Zahl auch nicht mit den geforderten 5366 Jahren stimmt, und Böckh mehr ungelegen als nützlich ist, sucht er die ganze Angabe als nicht Manethonisch verdächtig zu machen; er emendirt demnach das Wort χρόνος in den Namen Ἀνιανός, und bekommt heraus, dass die Angabe vielleicht von einem spätern, minder zuverlässigen Chronographen Anianos herrührt. Böckh bemerkt indessen selbst sehr gut, dass die Zahl 3555 nicht von einem Jüdischen oder Christlichen Harmonisten herrühren kann, da man durch deren Hülfe unmöglich Uebereinstimmung mit der biblischen Chronologie herstellen kann; sie kann sich auch nicht, wie er ebenfalls ganz richtig meint, von Jemanden herschreiben, der alle 30 Dynastien als aufeinanderfolgende betrachtet hat, da keine einzige Redaction der Manethonischen Listen eine so kleine Summe giebt. Er weiss daher keinen bessern Rath, als die Zahl in 5355 zu verbessern; es scheint aber doch, als findet er selbst die Correction ein wenig bedenklich; denn er beschliesst die ganze Sache damit, dem Leser die Erlaubniss zu geben, davon zu denken, wie er will. Diese Erlaubniss werde ich benutzen. Ich nehme die überlieferten 3555 Jahre für ächt Manethonisch an, was auch Lepsius später bewiesen hat; ich werde auch keine Verbesserungen in den überlieferten Zahlen machen, finde aber im Gegentheil Alles, wie es uns überliefert ist, vollkommen richtig. Denn wenn ich die Summe der Africanischen Einzelzahlen nehme, die, wie gesagt, 5339 Jahre giebt, und davon die Summe der Regierungsjahre der Dynastien, die den Denkmälern zufolge gleichzeitig mit andern regiert haben müssen, welche Summe 1784 Jahre beträgt, abziehe, so bekomme ich eben jene viel geplagte Zahl, 3555 Jahre, heraus. Dies zufriedenstellende Resultat, das ich, — und darin unterscheide ich mich von meinen Vorgängern — so glücklich gewesen bin erreicht zu haben, indem ich nur treu den Zeugnissen der Aegyptischen Denkmäler gefolgt bin, und nirgend eine Correction der Zahlen des Africanischen Manetho gemacht habe, wird unten, wenn ich mein chronologisches System aufstelle, näher entwickelt und bewiesen werden. Hier wird es nur im Vorbeigehen anticipirt, um anzuzeigen, dass ich vollen Grund habe die Böckhsche Annahme von der Aufeinanderfolge der Dynastien und seine ganze darauf ruhende chronologische Theorie zu verwerfen; hierin stimme ich auch mit allen Nachfolgern Böckhs, mit Bunsen, Lepsius und Brugsch überein. Indem man somit Bøckhs Aegyptische Chronologie als ganz verfehlt betrachten muss, ist es doch dankbar anzuerkennen, dass er sich, durch seine kritische Sichtung der mannichfaltigen verwirrten Redactionen der Manethonischen Königslisten, grosses Verdienst um die Aegyptologie erworben hat, und dies werden wir ihm völlig unverkümmert lassen.

Bunsens System.

Bunsen kann zwar nicht der Nachfolger Böckhs genannt werden, da sein Werk (Aegyptens Stelle in der Weltgeschichte 1844—1857) Resultate der Forschungen vorlegt, die grössten Theils abgeschlossen waren, bevor Böckhs Werk erschien; sein chronologisches System steht aber auf einem mehr entwickelten Standpunkte, und folgt insofern dem von Böckh nach. Bunsen hat in seinem vortrefflichen Werke die Früchte der viele Jahre hindurch fortgesetzten umfassenden und tiefsinnigen Forschungen niedergelegt, und eine kritische und methodisch wissenschaftliche Behandlung der Aegyptischen Geschichte begründet. Als der erste, der ein weites unbearbeitetes Feld betrat, hat er freilich mehrmals geirrt, wovon wir auch mehrere Beispiele liefern werden; aber darüber kann man sich nicht wundern, und es kann in den Augen des verständigen Richters nicht seinen Werth verringern; es würde höchst unbesonnen sein zu fordern, dass der erste Gründer sogleich einen in allen Theilen vollkommenen Bau aufführen sollte. Es ist daher mit voller Anerkennung des grossen Verdienstes Bunsens um die Aegyptologie, dass wir zur Beurtheilung seines chronologischen Systemes schreiten.

Da keine zusammenhängende Geschichte ohne Chronologie existiren kann, so ist es natürlich, dass Bunsen einen grossen Theil seines Werkes den chronologischen Bestimmungen gewidmet hat. Er hat aber, um gleich jetzt und mit einem Worte sein unrichtiges Verfahren anzugeben, verschiedene, mit einander absolut unvereinbare Quellen, Eratosthenes nämlich für das alte, Apollodor für das mittlere und Manetho für das neue Reich als Grundlage seiner Chronologie hingestellt. Der grosse Fortschritt dagegen, den wir bei Bunsen finden, ist der, dass er ganz entschieden und bestimmt die Wahrheit festgestellt hat, dass nicht nur Manethos 30 Dynastien vollkommen geschichtlich sind, sondern dass auch mehrere von ihnen gleichzeitig regierten; und Böckh wird wahrscheinlich das letzte Glied in der Reihe derer sein, die wähnen, dass alle 30 Dynastien aufeinanderfolgend und folglich weniger geschichtlich zuverlässig seien. Hier aber macht Bunsen[1] eine ganz eigenthümliche Auffassung geltend. Er unterscheidet die sogenannte Aegyptische Art Königslisten abzufassen von der rein chronologischen. Die erste Methode findet er im Turiner

[1] Aeg. Stelle in der Weltges. I. 119 u. flgg.

Königspapyrus und den Manethonischen Listen angewandt, und sie soll darin bestehen, dass alle Könige einer Dynastie mit allen ihren Regierungsjahren, ohne Berücksichtigung der möglicherweise stattgefundenen Gleichzeitigkeit, aufgeführt worden seien, so dass, wenn ein Vater z. B. 20 Jahre regierte, 5 Jahre derselben aber gleichzeitig mit seinem Sohne, und dieser im Ganzen, die 5 Jahre mitgerechnet, 30 Jahre herrschte, in den Listen dem Vater 20 und dem Sohne 30 Jahre seien gegeben worden, wodurch eine Summe von 50 Jahren anstatt der richtigen 45 Jahre herauskäme. „Eine solche Darstellung ist," wie Bunsen sagt, „bei vorherrschender dynastischer Rücksicht und der Form der Königslisten sogar die natürliche." Indem wir diese Auffassung vorläufig gelten lassen, — dass sie falsch ist, werden wir nachher zeigen, — sehen wir, wie Bunsen sie benutzt hat. Da Manetho' nicht nur die gleichzeitigen Dynastien, sondern zugleich die innerhalb einer Dynastie gleichzeitigen Könige nach einander aufgeführt habe, so könne es nicht, sagt Bunsen, seine Meinung sein, dass man die Regierungsjahre der einzelnen Könige und der 30 Dynastien in eine Summe addiren solle. Dies habe er durch die beigefügte Bemerkung angedeutet, dass das Aegyptische Reich 3555 Jahre bestanden habe.

Wo haben wir denn den Schlüssel zu suchen? Zweifelsohne, sagt er, haben wir ihn für das alte Reich bei Eratosthenes und für das mittlere bei Apollodor. Jene Griechischen Köpfe, zum Theil aus Aristoteles Schule, Kritiker und Forscher, deren Scharfsinn nie übertroffen worden, konnten, sagt Bunsen, durch jene Aegyptische Methode unmöglich getäuscht oder befriedigt werden. Eratosthenes habe nach einer strengen chronologischen Methode verfahren, und, indem er die Könige des alten Reiches nach Thebanischen Quellen aufzeichnete, nur Rücksicht auf die aufeinanderfolgenden Könige und Regierungsjahre genommen. Die von Eratosthenes aufgezählten 38 Könige mit 1076 Regierungsjahren legt demnach Bunsen seiner Chronologie des alten Reiches zu Grunde; da er aber auch dem Manetho geschichtlichen Werth beilegt, so hat er sich die Aufgabe gestellt, unter den von Manetho für denselben Zeitraum angegebenen 210 Königen mit beigefügten Regierungsjahren die Eratosthenischen Königsnamen und Regierungsjahre wiederzufinden. Dies ist ihm freilich nicht gelungen, obwohl er es selbst glaubt; aber es muss doch eingeräumt werden, dass er viel Gelehrsamkeit und Scharfsinn verwendet hat, um die Aufgabe zu lösen. Wie verzweifelt sich ihm die Sache bisweilen gestellt hat, wird man leicht erkennen, wenn man die zwei folgenden Bruchstücke der Königsreihen, die in Uebereinstimmung mit einander gebracht werden sollten, einen Augenblick betrachtet.

Eratosthenes VI—XIV.		Manetho: Dritte Dynastie.	
6. Momcheiri Memphit	79 Jahre.	1. Necherôphês . .	28 Jahre.
7. Stoichos arês . .	6 —	2. Tosorthos . . .	29 —
8. Gosormiês . . .	30 —	3. Tyreis	7 —
9. Marês	26 —	4. Mesôchris . . .	17 —
10. Anôyphis . . .	20 —	5. Sôyphis . . .	16 —
11. Sirios	18 —	6. Tosertasis . . .	19 —
12. Chnubos Gneuros	22 —	7. Achês	42 —
13. Rayôsis	13 —	8. Sêphuris . . .	30 —
14. Biyrês	10 —	9. Kerpherês . .	26 —
Zusammen 224 Jahre.		Zusammen 214 Jahre.	

Man sieht, dass weder ein einziger Name noch eine einzige Zahl in den zur Vergleichung angenommenen Reihen stimmen, und doch soll ihre Identität bewiesen werden. Man muss über den Muth dessen staunen, der eine so schwierige Arbeit auf sich zu nehmen wagt. Nachdem Bunsen seine Hercules-Arbeit, die 38 Eratosthenischen Könige unter den Königen der 12 ersten Manethonischen Dynastien wiederzufinden, beendigt, und die für die 38 Könige angegebenen 1076 Regierungsjahre als die Zeitdauer des alten Reiches bestimmt hat, geht er zu dem mittleren Reiche, der Hyksoszeit, über.

Manetho giebt drei Hyksosdynastien, die 15te, 16te und 17te, mit einer Summe von 929 Regierungsjahren an, (so liest wenigstens Bunsen). Diese betrachtet Bunsen als aufeinanderfolgende, und nimmt jene 929 Jahre, die Dauer der Hirtendynastien, als Zeitmass des mittleren Reiches an. Manethos 13te und 14te Dynastie sollen als einheimische gleichzeitig mit den Hyksos regiert haben. Da die Summe der Regierungsjahre derselben aber in keine Harmonie mit den 929 Jahren gebracht werden kann, so muss Bunsen sich nach einer anderen Quelle umsehen, um die Richtigkeit dieser Zahl zu beweisen. Sowie er Eratosthenes als Führer im Bezug auf das alte Reich benutzt hat, so folgt er Apollodor, dem Nachfolger Eratosthenes, für das mittlere. Von Apollodor aber haben wir, wie oben gesagt, nur die Angabe bei Syncellus, dass 53 Könige unmittelbar nach den von Eratosthenes aufgeführten 38 Königen in Aegypten regiert haben. Wie man eine Chronologie aus solcher Angabe, die keinen einzigen Namen und keine einzige Zeitbestimmung enthält, mit einiger Wahrscheinlichkeit aufstellen kann, ist und wird immer unerklärlich bleiben. Indessen behauptet doch Bunsen, dass Apollodors 53 Thebanische Könige mit den Hirtenkönigen correspondiren, und nicht allein die Herrschaft der letztgenannten, sondern zugleich ihre Dauer von 929 Jahren bezeugen. Was nun das neue Reich betrifft, so kann Bunsen nicht die vielgepriesenen Alexandrinischen Chronographen, Eratosthenes und Apollodor, als Quellen benutzen, sondern muss sich zu dem lange verschmähten Manetho flüchten. Und hier sei gerade der glückliche Umstand eingetreten, dass Manetho nicht länger der sogenannten Aegyptischen Methode gefolgt sei, sondern von der 18ten Dynastie ab beinahe ausschliesslich die aufeinanderfolgenden einzelnen Könige und ganzen Dynastien aufgeführt habe; dass er also in dem neuen Reiche nur strenge auf die Chronologie, dagegen im alten und mittleren Reiche auf die Dynastischen Verhältnisse, ohne die chronologischen zu beachten, Rücksicht genommen habe.

Bei diesem Punkte kann unsere Kritik am besten eintreten, da es hier leicht ist, das Willkürliche in Bunsens Theorie nachzuweisen. Im alten und mittleren Reiche soll Manetho aus dynastischen Rücksichten alle Könige, ohne Beachtigung ihrer Gleichzeitigkeit, angegeben haben, was ihn unbrauchbar für die Chronologie machen würde; im neuen dagegen seien nur die chronologischen, nicht die dynastischen Verhältnisse beachtet. Indem es nun Erstens höchst seltsam scheint, dass Manetho in seinem geschichtlichen Werke, wo die Chronologie, eben weil es keine Geschichte ohne Chronologie giebt, von höchster Wichtigkeit war, gar keinen Rücksicht auf dieselbe sollte genommen haben, würde es Zweitens sehr auffallen, wenn er im letzten Theile seines Werkes die Methode plötzlich verändert hätte, wodurch das Werk sowohl die dynastische als chronologische Bedeutung würde verloren haben. Wir gewahren hier den Unterschied zwischen Böckh und Bunsen. Böckh wähnt, dass Manetho mit Zurücksetzung der geschichtlichen Wahrheit ausschliesslich die chronologischen Bestimmungen berücksichtigt habe; Bunsen dagegen, dass die Chronologie ihm so gleichgültig gewesen sei, dass er gar nicht als Quelle in dieser Beziehung gebraucht werden könne. Bunsen findet die dynastische, sogenannte Aegyptische Methode in der Abfassung der Königslisten als die natürlichste und als die, die sich den Aufzeichnern derselben allererst darbieten musste; aber dies ist von keinem Belang, wenn es sich, wie es z. B. in der 12ten Dynastie der Fall ist, unwidersprechlich darthun lässt, dass Manetho bei der Gleichzeitigkeit mehrerer Könige nur die rein chronologische Reihe gegeben hat. Bunsen hat, wie es scheint, dem Manetho die eigenthümliche Methode zugeschrieben, um Eratosthenes und Apollodor seiner Chronologie zu Grunde legen zu können. Diese waren aber Griechen und Griechische Gelehrte, nicht in die Aegyptische Weisheit eingeweiht, und konnten demnach leicht in der Benutzung der Aegyptischen Quellen, die sie nicht verstanden, auf Irrwege gerathen, was dagegen nicht mit dem Aegyptischen Gelehrten, Manetho, der Fall war. Und indem Bunsen, während er hauptsächlich Eratosthenes folgt, doch nicht Manetho ganz zu verwerfen wagt, sondern ihn mit zur Vergleichung heranzieht, macht er sich so vieler Willkürlichkeiten schuldig, dass das innere Kriterium der Richtigkeit der Methode, das hier an die Stelle des directen Beweises treten sollte, durchaus nicht vorhanden ist. Der einzige von Bunsen angeführte Beweis, der, wenigstens nach unserer Ansicht, Anspruch darauf machen kann als solcher zu dienen, ist der folgende. Die Jahressumme der Manethonischen Dynastien des neuen Reiches, die Bunsen als aufeinanderfolgende betrachtet, betrage etwa 1300 Jahre, welche Zeit folglich das neue Reich bestanden haben soll. Nun sei die Dauer des mittleren Reiches ungefähr 900 Jahre; also umfasse das mittlere und neue Reich eine Zeit von c. 2200 Jahren; da aber dem ganzen Aegyptischen Reiche von Manetho eine Dauer von 3555 Jahren gegeben worden sei — welche Angabe Bunsen mit Recht als ächt Manethonisch betrachtet — so falle dem Manetho zufolge eine Zeitdauer von etwa 1300 Jahren dem alten Reiche zu. Ungefähr dieselbe Summe bekomme man heraus, wenn man die Jahressummen der Dynastien, die die Zeitreihe des alten Reiches repräsentiren, zusammenzähle, nämlich:

1ste Dynastie . . .	8 Könige	in	263 Jahren	
3te — . . .	9 —	-	214 —	
4te — . . .	8 —	-	274 —	
6te — . . .	6 —	-	203 —	
7te — . . .	70 —	-	.	70 Tagen
8te — . . .	7 —	-	142 —	
11te — . . .	x —	-	43 —	
12te — . . .	8 —	-	176 —	
Von der 13ten Dynastie	3 —	-	87 —	
Zusammen . .			1402 Jahre	70 Tage.

Hier hätten wir freilich einen Fehler von beinahe 100 Jahren, da 1400 Jahre statt 1300 (oder genauer 1347) herauskommen; aber dies müsse von Fehlern der Abschreiber herrühren. Manetho habe für die Dynastien, die die Zeitreihe des alten Reiches repräsentiren sollen, eine Dauer von 1347 Jahren; von Eratosthenes aber wissen wir, dass das alte Reich nur 1076 Jahre bestanden habe: folglich müsse Manetho — und dies soll der Kern des Beweises sein — innerhalb jener Dynastien, ausser den successiven Regierungen, zugleich alle gleichzeitigen Könige aufgeführt haben, wodurch mehr als 200 Jahre doppelt angegeben seien. Dieser Beweis Bunsens ist freilich logisch richtig; die Vordersätze aber sind nicht bewiesen, und der grösste Theil derselben ist sogar nachweisbar falsch. Was Erstens die Dynastienliste des alten Reiches betrifft, so ist die Summe der Jahre nicht 1347, sondern 1402, was man gar nicht so schlechthin übersehen darf. Schon dieser Umstand zeigt, dass die Art, in der Bunsen eine Uebereinstimmung mit den überlieferten 3555 Jahren herzustellen bemüht war, wenigstens sehr zweifelhaft und ungenügend ist. Zweitens ist es nach Bunsens Zeit zur Evidenz gebracht worden, dass nicht die von ihm aufgeführten Dynastien die Zeitfolge des alten Reiches repräsentiren, da die von ihm als gleichzeitig ausgestossene zweite und fünfte Dynastie als legitim und aufeinanderfolgend nach der ersten und vierten Dynastie in die Reihe aufgenommen werden müssen; wogegen andererseits die in der Reihe aufgeführte 11te Dynastie als gleichzeitig mit der legitimen 8ten ausgestossen werden muss. Hieraus geht es hervor, dass die von Bunsen vorgeschlagene Anordnung der Dynastien unmöglich ist, wozu kommt, dass die Summe der Jahre für die Dauer des alten Reiches statt 1400 etwa 1800 ist, wodurch die Entfernung von den geforderten 1347 Jahren noch grösser wird. Drittens ist es ein Missverständniss der Manethonischen Listen, wenn Bunsen nach ihnen die Hyksoszeit zu 929 Jahren berechnet; denn Josephus sagt ausdrücklich, dass die Hyksos 511 Jahre über Aegypten herrschten, und dasselbe sagt Manetho, wenn man ihn nur richtig liest. Endlich waren Viertens nicht alle Dynastien des neuen Reiches aufeinanderfolgende, wie wir unten sehen werden, und folglich war auch nicht die Dauer desselben so lang, wie sie von Bunsen angenommen wird.

Somit sehen wir, dass die Bunsensche Anordnung der Dynastien, den heutigen Resultaten der Aegyptologischen Forschungen zufolge, durchaus unrichtig ist, und daraus folgt, dass nicht nur jener Beweis ungültig ist, sondern dass auch sein ganzes chronologisches System fallen muss. Während also Bunsen unzweifelhaft Recht hat, wenn er einige der Manethonischen Dynastien als gleichzeitige auffasst, — in welcher Auffassung er sich von Böckh unterscheidet, und in welcher eben ein Fortschritt besteht, — so hat er andererseits völlig Unrecht, wenn er behauptet, dass Manetho innerhalb der Dynastien gleichzeitige Regierungen aufgeführt habe, und dass sich die chronologische Reihenfolge nur bei Eratosthenes und Apollodor finde. Bunsen hat ausserdem einen negativen Beweis der Unrichtigkeit seiner Methode geliefert, indem er, aller Gelehrsamkeit und alles Scharfsinns ungeachtet, durch seine Hypothese die Aufgabe nicht hat lösen können. Hierin lag die Berechtigung einen andern Weg zu betreten, um dadurch dem Ziel näher zu kommen. Dies hat Lepsius gethan, zu dessen Systeme wir jetzt übergehen.

Lepsius System.

Anfänglich hatten sich Bunsen und Lepsius dahin verabredet, gemeinschaftlich zu arbeiten, und die Arbeit auf die Weise zu theilen, dass der Erstere vornehmlich die Griechischen Quellen, der Letztere dagegen die Aegyptischen behandeln sollte. Die Differenzen wurden aber immer grösser und grösser, und am Ende musste sich Lepsius von Bunsen trennen, um seinen eigenen Weg zu gehen. Er konnte sich nämlich niemals mit Bunsen weder darüber verständigen, Eratosthenes und Apollodor dem Manetho vorzuziehen, noch in der Anschauung, dass Manetho in den ältern Dynastien gleichzeitige Könige aufgeführt habe. Eine genauere Kenntniss der Aegyptischen Denkmäler nöthigte ihn, in vielen Punkten von Bunsen abzuweichen. Nachdem er sich als Haupt der preussischen Expedition mehrere Jahre in Aegypten aufgehalten hatte, nahm er sich mit den reichen Hülfsmitteln eines seltenen Scharfsinns und grosser Gelehrsamkeit vor, die Aegyptische Chronologie zu bearbeiten, und er hat das Resultat seiner Untersuchungen in zwei bedeutenden Werken: „Die Chronologie der Aegypter, Berlin 1849" und „Königsbuch der Aegypter, Berlin 1858" der wissenschaftlichen Welt vorgelegt. Nächst der Darstellung seines chronologischen Systems, hat er hier ein vollständiges Material zur Behandlung der Aegyptischen Zeitrechnung niedergelegt, indem er in seinem Königsbuch alle Legenden der Aegyptischen Königsnamen gesammelt hat, die in Jahre 1858 auf den Aegyptischen Denkmälern theils in Aegypten selbst, theils in den Europäischen Museen waren aufgefunden und gelesen worden. Hiedurch hat er, jedoch vielleicht mehr durch das Ansammeln des Materials, als durch die Behandlung desselben, der Wissenschaft einen unschätzbaren Dienst geleistet. Lepsius chronologisches System ist das letzte mit wissenschaftlicher Begründung aufgestellte, und obgleich die Aegyptologen freilich in mehreren Punkten Verschiedenes dagegen einwenden, so haben sie doch nicht ein neues aufstellen, und die Widersprüche lösen können. Zu leichterem Verständnisse des Folgenden wird es nothwendig werden, hier Lepsius Anordnung der Dynastien und Könige mit ihren Regierungsjahren wiederzugeben.

Aufeinanderfolgende legitime Dynastien.

Aeg. J.-seit Menes	Julian. Jahre vor Chr.	I. Dynastie. 8 Thiniten 253 Jahre.	
1	3892	1. Menes	62
63	3830	2. Athothis	47
110	3783	3. Kenkenes	31
141	3752	4. Uenephes	23
164	3729	5. Usaphais	20
184	3709	6. Miebis	26
210	3683	7. Semempses	18
228	3665	8. Bieneches	26
— 254	— 3639		253

II. Dynastie.
9 Thinithen 302.

254	3639	1. Boëthos	33
292	3601	2. Kaiechos	39
331	3562	3. Binothris	47
378	3515	4. Tlas	17
395	3498	5. Sethenes	41
436	3457	6. Chaires	17
453	3441	7. Nephercheres	25
468	3416	8. Sesochris	48
526	3368	9. Cheneres	30
— 556	— 3338		302

III. Dynastie.
9 Memphiten 214.

556	3338	1. Necherophes	28
584	3310	2. Tosorthros	29
613	3281	3. Tyris	7
620	3274	4. Mesochris	17
637	3257	5. Soyphis	16

Zweite Abtheilung. Kritik der Systeme.

Aeg. J.- seit Menes	Julian. Jahre vor Chr.		
653	3241	6. Tosertasis	19
672	3222	7. Aches	42
714	3180	8. Sephuris	30
744	3150	9. Kerpheres	26
— 770	— 3124		214

IV. Dynasti.
8 Memphiten 284.

770	3124	1. Soris	29
799	3095	2. Suphis	63
862	3032	3. Sophris	66
928	2966	4. Mencheres	63
991	2903	5. Ratoises	25
1016	2878	6. Bicheris	22
1038	2856	7. Sebercheres	7
1045	2849	8. Tamphthis	9
— 1054	— 2840		284

V. Dynastie.
9 Memphiten 248.

1054	2840	1. Usercheres	28
1082	2812	2. Sephres	13
1095	2799	3. Nephercheres	50
1145	2749	4. Sisires	7
1152	2742	5. Cheres	20
1172	2722	6. Rathures	44
1216	2678	7. Mencheres	9
1225	2669	8. Tancheres	44
1269	2625	9. Onnos	33
— 1302	— 2592		248

VII. Dynastie.
5 Memphiten 70.

1302	2592		
— 1372	— 2522		70

VIII. Dynastie.
9 Memphiten 142.

1372	2522		
— 1514	— 2380		142

XII. Dynastie.
8 Diospoliten 213.

1514	2380	1. Ammenemes I	9
1523	2371	2. Sesortasis I	46
1569	2325	3. Ammenemes II	38
1607	2287	4. Sesortasis II	28
1635	2259	5. Sesortasis III	38
1673	2221	6. Ammenemes III	42

Lepsius System.

Aeg. J.-seit Menes	Julian. Jahre vor Chr.		
1715	2179	7. Ammenemes IV	8
1723	2171	8. Sebeknophris	4
— 1727	— 2167		213

XIV. Dynastie.
76 Xoïten 484.

1727	2167		
		c. 2101 Amuntimaos.	
		Amenemes.	
		Tiaaken.	
— 2211	— 1684		484

XVII. Dynastie.
5 Diospoliten 93.

2211	1684	1. Amosis und Nephris . . .	25
2236	1659	2. Amenophis I	13
2249	1646	3. Tuthmosis I und Amessis .	21
2270	1625	4. Tuthmosis II und (Mephre)	22
2292	1603	5. (Mephre) und Tuthmosis III	12
— 2304	— 1591		93

XVIII. Dynastie.
8 Diospoliten 148.

2304	1591	1. Tuthmosis III	26
2330	1565	2. Amenophis II	10
2340	1555	3. Tuthmosis IV	31
2371	1524	4. Amenophis III	36
2407	1488	5. Chuenra	12
2419	1476	6. Aï	9
2428	1467	7. Tutanchamun	12
2440	1455	8. Horos	12
— 2452	— 1443		148

XIX. Dynastie.
7 Diospoliten 174.

2452	1443	1. Ramesses I	4
2456	1439	2. Sethos I	51
2507	1388	3. Ramasses Miammun . .	66
2573	1322	4. Menephthes	20
2593	1302	5. Sethos II	21
2615	1281	6. Menephthes Siphthas . .	5
2619	1276	7. Sethnechthes	7
— 2626	— 1269		174

Aeg. J.-seit Menes	Julian. Jahre vor Chr.		
		XX. Dynastie. 12 Diospoliten 178.	
2626	1269	1. Ramses III	25 + x
		2. Do. IV	4 + x
		3. Do. V.	
		4. Do. VI.	
		5. Do. VII.	
		6. Do. VIII.	
		7. Do. IX	15 + x
		8. Do. X	1 + x
		9. Do. XI.	
		10. Do. XII	32 + x
		11. Do. XIII	16 + x
		12. Do. XIV.	
— 2804	— 1091		178
		XXI. Dynastie. 7 Taniten 130.	
2804	1091	1. Smendes	26
2830	1065	2. Phusemes	41
2871	1024	3. Nephercheres	4
2875	1020	4. Amenophis	9
2884	1011	5. Osochor	6
2890	1005	6. Psinaches	9
2899	996	7. Phusemes	35
— 2934	— 961		130
		XXII. Dynastie. 9 Bubastiden 174.	
2934	961	1. Sesonchis I	21
2955	940	2. Osorchon I	15
2970	925	3. Takelothis I	1 + x
		4. Osorchon II	22 + x
		5. Sesonchis II	1 + x
		6. Takelothis II	13
		7. Sesonchis III	51
		8. Pichi	1 + x
		9. Sesonchis IV	36 + x
— 3108	— 787		174
		XXIII. Dynastie. 3 Taniten 58.	
3108	787	1. Petsybastis	40
3148	747	2. Osorchon	8
3156	739	3. Psamus	10
— 3166	— 729		58

Aeg. J.- seit Menes	Julian. Jahre vor Chr.		
		XXIV. Dynastie.	
		3 Saïten 44.	
3166	729	1. Tnephachthos	7
3173	722	2. Bokchoris	6
3179	716	3. Seth (Sethos)	31
— 3210	— 685		44
		XXVI. Dynastie.	
		9 Saïten 160.	
3210	685	1. Stephinates	7
3217	678	2. Nechepsôs	6
3223	672	3. Nechao I.	8
3231	664	4. Psametichos I.	54
3285	610	5. Nechao II.	15
3300	595	6. Psametichos II.	6
3306	589	7. Uaphris	19
3325	570	8. Amosis	44
3369	526	9. Psametichos III.	— 6
— 3370	— 525		160
		XXVIII. Dynastie.	
		5 (?) Saïten 127.	
3370	525	1. Amyrteos I. (?)	
	c. 487	2. Chebas	
	c. 462	3. Amyrteos II.	
	c. 440	4. Pausiris	
	c. 400	5. Psametichos IV.	
— 3497	— 399		127
		XXIX. Dynastie.	
		4 Mendesier 21.	
3497	399	1. Nephorites I.	6
3503	393	2. Achoris	13
3516	380	3. Psamuthis	1
3517	379	4. Nephorites II.	—4
— 3518	— 378		21
		XXX. Dynastie.	
		3 Sebennyten 38.	
3518	378	1. Nechtharebes	18
3536	360	2. Teôs	2
3538	358	3. Nechthanebos	18
— 3556	—. 340		38

Gleichzeitige illegitime Dynastien.

VI. Dynastie.
6 Elephantiner 198.

Julian. Jahre vor Chr.		
2744	1. Othoes	30
2714	2. Phiops I.	53
2661	3. Menthuophis I.	7
2654	4. Phiops II.	95
2559	5. Menthuophis II.	1
2558	6. Nitokris	12
— 2546		198

IX. Dynastie.
4 Herakleopoliten 109.

2674	
— 2565	109

X. Dynastie.
19(?) Herakleopoliten 185.

2565	
— 2380	185

XI. Dynastie.
6 Diospoliten 43.

2423	
— 2380	43

XIII. Dynastie.
60 Diospoliten 453.

2136	
— 1684	453

XV. Dynastie.
6 Hyksos 260.

2101	1. Salatis	19
2082	2. Banon	44
2038	3. Apachnan	37
2001	4. Apophis	61
1941	5. Anan	50
1891	6. Aseth	49
— 1842		260

XVI. Dynastie.
32 Hyksos 251.

1842	Ra-Apepi.	
— 1591		251

XXV. Dynastie.
3 Aethiopen 52.

716	1. Sebichôs	12
704	2. Sebitichôs	12
692	3. Tearchôs	28
— 664		52

Julian. Jahre vor Chr.	XXVII. Dynastie. 9 Persen 121.	
525	1. Kambyses	3
	2. Magi	1
521	3. Dareios I.	36
486	4. Xerxes I.	20
466	5. Artabanos	1
465	6. Artaxerxes	40
425	7. Xerxes II.	—
—	8. Sogdianos	1
424	9. Dareios II.	19
— 404		121

Wir werden jetzt untersuchen, wie diese Anordnung des Lepsius der Dynastien und seine Zahlen mit den Manethonischen Listen und den Aegyptischen Monumentalinscriptionen stimmen; denn wenn das System nicht aus diesen Materialien, die einzig und allein möglich und brauchbar sind, aufgeführt worden ist, so schwebt es in der Luft.

Sehen wir zunächst, wie die Manethonischen Listen benutzt worden sind. Diese geben einerseits 30 Dynastien mit einer Summe von 5339 Regierungsjahren; andererseits aber haben sie die Angabe, dass das Aegyptische Reich im Ganzen 3555 Jahre bestanden habe. Das einzige, innerhalb der Listen selbst liegende Kriterium ihrer richtigen Anwendung muss demnach darin gesucht werden, dass man durch Ausstossen gleichzeitiger Dynastien die 3555 Jahre als Summe der Regierungsjahre der übriggebliebenen Dynastien bekommt. Dies muss aber ohne willkürliche Veränderungen und Correctionen der überlieferten Zahlen geschehen; denn sonst würde das Kriterium seine Beweiskraft verlieren. Nun hat freilich Lepsius die geforderte Summe von 3555 Jahren herausbekommen, aber nur durch bedeutende Correctionen der Manethonischen Zahlen. Indem ich dies nachweise, halte ich mich an die auch von Böckh befolgte Africanische Redaction Manethos.

Der 1sten Dynastie giebt Lepsius 253 Jahre, Manetho aber 263 Jahre
— 5ten — — — 248 — — 218 —
— 7ten — — — 70 — — 70 T.
— 8ten — — — 142 — — 146 Jahre
— 12ten — — — 213 — — 160 —

Der 14ten Dynastie giebt Lepsius	484 Jahre,	Manetho aber	184 Jahre
— 17ten — —	— 93	—	151 —
— 18ten — —	— 148	—	260 —
— 19ten — —	— 174	—	209 —
— 20sten — —	— 178	—	135 —
— 21sten — —	— 130	—	114 —
— 22sten — —	— 174	—	120 —
— 23sten — —	— 58	—	89 —
— 24sten — —	— 44	—	6 —
— 26sten — —	— 160	—	150 —
— 28sten — —	— 127	—	6 —
— 29sten — —	— 21	—	20 —
	2717 Jahre		2231 J. 70 T.

Man sieht, wie bedeutend Lepsius Correctionen der in der Africanischen Redaction überlieferten Zahlen sind; denn obgleich sich mehrere Einzelposten gegenseitig compensiren, so ist doch in der Summe ein Unterschied von beinahe 500 Jahren. Man kann sich nicht von dem Scharfsinn bestechen lassen, den er durch seine Combinationen der verschiedenen Redactionen Manethos gegenseitig, und durch die Vergleichung dieser mit den Aegyptischen Denkmälern an den Tag gelegt hat; denn das nackte Factum, dass er die Quellen verändert hat, um Uebereinstimmung in seinem Systeme hervorzubringen, steht da, und kann trotz aller Mühe nicht wegraisonnirt werden. Man wird vielleicht zugeben, dass die vielen einander wiederstreitenden Redactionen der Manethonischen Listen solche Correctionen zulässig machen, wenn dadurch Uebereinstimmung mit der zweiten Quellenreihe, den Aegyptischen Denkmälern, erreicht werden könne. Dagegen aber muss Erstens eingewendet werden, dass die Listen beinahe allen Werth verlieren, wenn sie geändert und verbessert werden; denn darf man sie ändern, so kann man Alles aus ihnen beweisen, und beweisen sie Alles, so beweisen sie ja im Grunde Nichts. Zweitens wird es unten dargelegt werden, dass jede Aenderung unzulässig ist, da Uebereinstimmung ohne alle Aenderung und nur dadurch möglich ist. Endlich, und dies erregt vielleicht das grösste

Bedenken, hat Lepsius, trotz aller Aenderungen, keine Uebereinstimmung mit den Aegyptischen Denkmälern hervorbringen können. Denn auch auf diesem Gebiete sind Nichtübereinstimmungen und Unrichtigkeiten da, die so wesentlich sind, dass jede einzelne derselben, wenngleich nicht das ganze System umstürzen, es jedenfalls dem strengen Kritiker verdächtig machen muss. Wir wollen sie näher betrachten.

Man wird aus dem oben wiedergegebenen Systeme sehen, dass Lepsius die 6te Dynastie als gleichzeitig mit der 5ten und 7ten ausgestossen hat. Der Preusse Brugsch aber, der sich längere Zeit in Aegypten aufgehalten hat, und Einer der meist verdienten jüngeren Aegyptologen ist, hat in seinem Werke: „Histoire d'Égypte, Leipzig 1859," die 6te Dynastie, als eine der 5ten nachfolgende Reichsdynastie in die Zeitfolge aufgenommen. Die von ihm aus den Denkmälern hergenommenen Gründe, diese Dynastie nicht als eine mit einer anderen gleichzeitig herrschende untergeordnete, sondern als eine wirkliche Reichsdynastie zu betrachten, sind so überzeugend und entscheidend, dass sie nicht scheinen bestritten werden zu können. Denn diese Dynastie hat Denkmäler in ganz Aegypten, von Assuan bis Sinaï nachgelassen. „C'est surtout, sagt er,[1] dans la Moyenne Égypte, que nous rencontrons d'après les inscriptions, les traces de cette dynastie. Pepi y avait bâti une nouvelle ville, et son culte ainsi que celui de quelques autres pharaons de sa dynastie, y fut célébré par les hauts fonctionnaires. Les souverains de cette époque s'élevèrent des pyramides, dont quelques-unes se trouvent mentionnées par des noms. Celle du roi Ati s'appelait Baou, celle de Teta: Ded-seou, celle de Pepi: Men-nefer, et celle de Mer-n-ra: Sa-nefer." Ati, Teta und Pepi sind Könige der 6ten Dynastie, und ihre Pyramiden finden sich in Mittelägypten, woraus mit Sicherheit hervorgeht, dass jene Könige jedenfalls in diesem Theile des Landes herrschten. Da aber ein auf der Halbinsel Sinaï vorgefundenes Bild des Königs Pepi ihn als Sieger daselbst darstellt, und andere Bilder desselben Königes die Doppelkrone Ober-

[1] Hist. d'Égypte. S. 45.

und Unterägyptens tragen, so kann wohl kein Zweifel sein, dass diese Könige über ganz Aegypten regierten. Dass dies der Fall war, wird ausserdem von den Manethonischen Listen bestätigt, da sie die 6te Dynastie eine Memphitische nennen, wodurch diese wahrscheinlich als eine in Memphis herrschende bezeichnet wird. Lepsius, der diese Dynastie als eine in Oberägypten abhängig regierende betrachtet, muss zwar „Memphitisch" in „Elephantinisch" ändern; dies ist aber eine willkürliche Aenderung, deren er sich zu Gunsten seines Systems schuldig macht. Indem wir demnach durch die nichtzuverwerfenden Zeugnisse der Denkmäler genöthigt werden, Brugsch in seiner Auffassung der 6ten Dynastie als einer Reichsdynastie zu folgen, werden wir zugleich gezwungen, die Richtigkeit des ganzen Systems Lepsius zu bezweifeln; denn wenn die 198 Regierungsjahre der 6ten Dynastie in die Jahrzahl der Reichsdynastien aufgenommen werden sollen, so schwindet die Uebereinstimmung mit den 3555 Jahren, und das ganze Rechenstück wird unrichtig. Eine ähnliche Einwendung macht Brugsch in Bezug auf die 13te Dynastie geltend; seine Gründe sind hier aber weniger schlagend und jedenfalls nicht von der Art, dass sie uns zwingen, die 13te Dynastie als eine Reichsdynastie anzusehen. Da wir später auf diesen Punkt zurückkommen werden, wenden wir uns sogleich einer anderen dem Systeme Lepsius gefährlichen Objection zu.

Auf der Insel Elephantine hat man zwei mit Inscription versehene Fragmente aufgefunden, die jetzt getrennt sind, aber früher zusammengehört haben müssen. Die Inscription ist deutlich, und die Erklärung unzweifelhaft. Es heisst hier, dass der Stern Sothis am 28ten Tage des vorletzten Monats im Aegyptischen Kalenderjahre heliakisch aufgegangen ist. Der Französische Astronom Biot hat die Angabe untersucht und berechnet. Die Rechnung ist übrigens leicht gethan. Der angegebene Tag fällt 37 Tage vor den 1sten Thot, den ersten Tag des Aegyptischen Jahres; denn es fehlen 2 Tage des vorletzten Monats, der letzte Monat hat 30 Tage, und die 5 Epagomenen kommen hinzu. Da Elephantine aber 4 Grad südlicher liegt, als der wahrscheinliche

Normalstandpunkt der Himmelsbeobachtungen, so traf der Sothisaufgang dort ungefähr 4 Tage früher als hier ein, welche also von den 37 Tagen abgezogen werden müssen. In Mittelägypten ging demnach Sothis in diesem Jahre 33 Tage vor dem ersten Thot heliakisch auf. Nun ist es leicht, dieses Jahr zu bestimmen. Denn nach Verlaufe von vier Jahren ging Sothis in dem Aegyptischen Kalenderjahre immer einen Tag später auf. Jener Frühaufgang fand also $33 \times 4 = 132$ Jahre früher statt, als der Sothis am 1sten Thot heliakisch aufging. Wann dies geschah, wissen wir mit Bestimmtheit; denn es fällt mit dem Anfange der Sothisperiode zusammen, und dieser muss nach Theons, Clemens Alexandrinus und Anderer Zeugnisse in das Jahr 1322 v. Chr. gesetzt werden. Wenn hierzu die oben erhaltenen 132 Jahre gefügt werden, so kommt heraus, dass jenes Himmelsereigniss im Jahre 1454 v. Chr. stattfand. Nun giebt aber die Inschrift an, dass Tuthmosis der 3te zu derselben Zeit regierte, was indessen nicht mit Lepsius System stimmt; denn diesem zufolge regierte, wie man sieht, Thutmosis der 3te in den Jahren 1591—1565, also mehr als 100 Jahre früher. Lepsius muss allerdings die Nichtübereinstimmung zugeben; er greift aber zu dem gewöhnlichen Mittel der Aenderung. (Siehe Königsbuch der Aegypter S. 165). Er nimmt einen Fehler in der Inschrift an, wodurch der Sothisaufgang einen Monat oder 30 Tage zu spät angegeben worden sei. Dadurch gewinnt er $30 \times 4 = 120$ Jahre, die, dem Jahre 1454 v. Chr. zugefügt, das Jahr 1574 v. Chr. geben, zu welcher Zeit er die Regierung Tuthmosis des 3ten bestimmt hat. Die Willkürlichkeit aber der Aenderung springt Jedermann leicht in die Augen. Denn da die Inschrift offenbar ein bestimmtes Datum in der Aegyptischen Art des Datirens angeben soll, und die Aegypter recht gut wussten, dass ein Monat in der Formel 120 Jahre in der Zeit bedeutete, so ist ein solcher Fehler eben so unwahrscheinlich, als der, dass wir ein wichtiges öffentliches Document 1763 statt 1863 datirten. Lepsius hatte aber eigentlich nichts Anders zu thun, wenn er nicht das ganze System wollte fallen lassen.

Es ist leicht zu begreifen, wie ausserordentlich wichtig es für die Aegyptische Chronologie ist, Anhaltspunkte in astronomisch-chronologischen Angaben der Aegyptischen Denkmäler selbst zu erhalten. Denn wie vollständig auch die Uebereinstimmung unter den Manethonischen Angaben selbst, und wie gross die innere Wahrscheinlichkeit sein mag, die das darauf aufgeführte System eben dadurch bekommt: so kann man doch durch diese Quellen allein keine absolute Gewissheit, sondern nur eine annähernde Wahrscheinlichkeit gewinnen. Die absolute Gewissheit dagegen wird erreicht werden, wenn man Beweis von bestimmten Zeitangaben der Aegyptischen Denkmäler hernehmen kann. Dies hat Lepsius in Bezug auf die Inschrift von Elephantine zwar nicht erreichen können, da sie, wie wir gesehen haben, eher die Unrichtigkeit als die Richtigkeit seines Systemes bezeugt; aber er glaubt jedenfalls einen anderen Beweis ähnlicher Art aufgefunden zu haben, welcher seine Aegyptische Zeitrechnung zu unumstösslicher Gewissheit erheben soll. Diesen Haupteckstein seines Systemes wollen wir jetzt betrachten.

Wir haben oben angegeben, dass die Aegypter eine Sothisperiode von 1461 Aegyptischen oder 1460 Julianischen (Sothis) Jahren hatten, indem so viele Jahre verliefen, bis Sothis Frühaufgang sich ein ganzes Jahr oder 365 Tage herum vom 1sten zum 1sten Thot des beweglichen Jahres verschob. Dass eine solche Periode von den Aegyptern gekannt und gebraucht war, und dass die letzte Sothisperiode in Jahre 1322 v. Chr. anfing, darüber kann jetzt, nach den scharfsinnigen und eingehenden Untersuchungen des Lepsius über diesen Punkt, kein Zweifel mehr sein. Theon nennt diese letzte Sothisperiode τὰ (ἔτη) ἀπὸ Μενόφρεως, die Jahre von Menophres an, d. h. vom Anfange der mit ihm oder unter ihm beginnenden Periode. Von dieser sagt Lepsius Folgendes:[1]

„Menóphres musste der König sein, unter welchen das Jahr 1322 vor Chr. fiel. Wir kennen alle Könige, die hier irgend in Betracht kommen könnten. Darunter ist keiner, der genau diesen

[1] Königsb. d. Aegypter S. 127 u. flg.

Namen führt. Es begegnet uns aber in den Manethonischen Listen der Name Μενέφθης oder Μενόφθης in den Varianten Μενωφίς, Ἀμένωφις, Ἀμένωφθις, Ἀμενωφάθ, Ἀμενωφθῆς, entsprechend dem hieroglyphischen Mi-n-ptah, memphitisch etwa Menphthah gelesen. Schon Champollion Figeac hatte in Menophres richtig den Manethonischen, aber nicht den hieroglyphischen Namen erkannt; diesen erkannte Bunsen und damit die wesentliche Stelle des Menophres in den Dynastien. Es blieb noch die Wahl zwischen drei Menephtha, welche von Campollion und Rosellini von den Monumenten aufgeführt wurden. Es liess sich aber nachweisen, dass von diesen dreien nur einer gemeint sein konnte, weil die beiden andern den Hauptnamen Seti und nur als Zusatz den Namen Menephtha führen. Μενέφθης, der Sohn Ramses II, bleib allein zur Vergleichung mit Μενόφρης übrig, und diese macht es nöthig bei Theon mit leichter Emendation τὰ ἀπὸ Μενόφθεως oder Μενέφθεως zu lesen, Θ für P. Man könnte noch an den nur 5 Jahre regierenden Menptah-Siptah denken, welcher als illegitim aus den officiellen Listen verbannt worden war, aber von Manetho aufgeführt wurde. Da aber bei der einfachen Bezeichnung Μενόφθης niemand an diesen König, sondern an den weit bekannteren Sohn des Ramses gedacht haben würde, so hätte man den zweiten nur mit Zufügung seines unterscheidenden Beinamens Menephthes Siphthas, oder, wie er bei Eratosthenes heisst, durch den Namen Siphthas allein bezeichnen können."

Der von Theon angeführte im Jahre 1322 vor Chr. regierende Menophres soll also nach Lepsius identisch mit dem von Manetho genannten Sohne Ramses des 2ten, Menephthes, sein, dessen Regierungszeit Lepsius in die Jahre 1322—1302 v. Chr. setzt. Die Identität ist ihm so gewiss, dass er diese Bestimmung zugleich als Hauptfundament des ganzen Systemes und als Ausgangspunkt und Correctiv anderer Zeitbestimmungen betrachtet. Wir haben aber gesehen, dass der wichtige Anhaltspunkt nur durch das gewöhnliche Mittel, Aenderung der Quellen, erreicht worden ist, was uns vielleicht gerade hier mehr als irgendwo sonst argwöhnisch machen muss.

In Verbindung mit dieser Bestimmung führt Lepsius wie zum Ueberfluss andere Umstände an, um jenes Hauptfundament recht unerschütterlich zu machen. Diese bestätigenden Umstände sucht er in der Bestimmung des Auszuges der Israeliten aus Aegyten. Es muss nach Lepsius gründlichen und ausführlichen Untersuchungen aller hierher gehörenden Punkte als ausgemacht angesehen werden, dass der Auszug um das Jahr 1314 v. Chr. stattfand. In dieser Zeit nun regierte nach Lepsius Menephthes, der Sohn Ramses des 2ten. Wenn es möglich wäre zu beweisen, dass Menephthes wirklich identisch mit dem Pharao des Auszuges sei, so würde seine absolute Zeit bestimmt, und ein fester Ausgangspunkt der Zeitbestimmungen der vorhergehenden und nachfolgenden Könige gewonnen werden, da sein relativer Platz in der Reihe gesichert ist. Lepsius glaubt zwar einen solchen Beweis aufstellen zu können, aber dieser ist der Art, dass er selbst des Beweises bedürftig ist. Der geführte Beweis ist ein doppelter, und wir werden zunächst den ersten Theil betrachten. Josephus erzählt in seiner Streitschrift gegen Apion (c. Apion. I. 26) von der Vertreibung der Aussätzigen aus Aegypten. Dies Ereigniss ist unzweifelhaft identisch mit dem Auszuge der Israeliten. Josephus nennt aber den damals regierenden Pharao Amenophis. Dieser Name, sagt nun Lepsius, ist von den Abschreibern verschrieben statt Menephthes, in welchen er ihn ändert, ungeachtet nicht nur Josephus wiederholt, sondern zugleich Chairemon (c. Apion. I. 33.), und der Antiochische Bischof Theophilus den Namen Amenophis haben. Die Aenderung des Amenophis in Menephthes ist um so mehr bedenklich, als Amenophis nicht eine Variante von Menephthes, sondern ein mehrmals vorkommender selbstständiger Königsname ist, und Josephus wusste recht wohl, dass Amenophis statt Menephtes nicht nur ein unrichtiger Name sei, sondern auch zwei bestimmte Persönlichkeiten vertauschen würde. Wenn sich auch hier eine Verschreibung denken lässt, was jedoch weniger wahrscheinlich ist, da der Name Amenophis sich unverändert in mehreren Quellen findet, so kann man jedenfalls keinen Beweis daraus hernehmen, weil die Aenderung ohne Beweis selbst unstatthaft ist. Der zweite Theil des Beweises scheint triftigere Gründe zu haben. Die Bibel erzählt 2 Mos. 1, 11: „Und sie setzten Frohnvögte über das Volk (die Israeliten), um es zu drücken mit harten Arbeiten; und es baute dem Pharao Vorrathsstädte, Pithom und Ramses." Nun hat man in den Ruinen der Stadt Ramses ein Denkmal gefunden, das den König Ramses den 2ten zwischen den Göttern Ra und Tum darstellt. Aus diesem Umstande hat Lepsius den Schluss gezogen, dass der König Ramses der 2te die Stadt Ramses erbaut habe, dass sein Name auf die Stadt übertragen und er selbst dort als Gott verehrt worden sei. Die Israeliten sollen demnach unter seinem Sohne Menephthes ausgezogen sein, da es Exod. 2, 23 heisst, dass der Auszug unter dem Nachfolger des Erbauers der Stadt Ramses stattfand.

Der Beweis beruht also darauf, dass Ramses der 2te die Städte Ramses und Pithom erbaut habe. Die Papyruslitteratur aber erwähnt dieser Städte schon unter Sethos dem 1sten, dem Vater des Ramses des 2ten (conf. Brugsch, Hist. d'Égypte S. 156), wie auch eine bildliche Darstellung im Tempel von Karnak die Stadt Pithom als existirend unter demselben Sethos dem 1sten nennt (Siehe Hist. d'Égyp. S. 129); sie können demnach nicht von Ramses dem 2ten erbaut worden sein, und somit muss man auch diesen Theil des Beweises als unrichtig ansehen. Brugsch sucht ihn zwar durch die Annahme aufrechtzuhalten, dass Ramses der 2te die genannten Städte befestigt, erweitert und verschönert, und auf diese Arbeit die Israeliten verwendet habe; aber dies ist nur eine Möglichkeit, die nicht besser ist als viele andere Möglichkeiten, die uns offen stehen, wenn wir uns nicht an die Worte der Bibel halten wollen; aber dann können wir eigentlich auch keinen Beweis von ihnen hernehmen. Wann diese Städte gegründet worden sind, kann jetzt nicht bestimmt werden, nachdem es bewiesen worden ist, dass Ramses der 2te sie nicht erbaut hat.[1]

Die Bestimmung der absoluten Zeit des Menephthes, die das Hauptfundament der Chronologie Lepsius bildet, ist demnach gar

[1] Siehe übrigens was Brugsch von diesen Städten in seinem Werke: „Die Geographie des alten Aegyptens, Leipzig 1857" S. 260 u. ffgg. sagt.

nicht bewiesen worden, sondern im Gegentheil sehr zweifelhaft,
ja, wie wir später sehen werden, durchaus falsch. Wir können
folglich nicht Lepsius beistimmen, wenn er sich über diesen Punkt
folgendermassen äussert:[1]

„Mit der schon durch die äusserliche Vergleichung der Dy-
nastiennamen unabweisbar gewordenen Annahme, dass sich die
Sothisperiode unter dem Könige Menephthes, dem 4ten Könige
der 19ten Dynastie erneuerte, stimmt nun aber auch der ganze
geschichtliche und chronologische Zusammenhang jener Zeiten,
wie er von sehr verschiedenen Seiten her festgestellt werden
kann, überein, und dieses glaube ich bereits in dem ersten Theile
meiner Chronologie ausführlich nachgewiesen zu haben. Es ist
nämlich daselbst gezeigt worden, dass unter demselben Könige
Menephthes (Nein, der König heisst bei Josephus nicht Menephthes, sondern Amenophis.) auch der Auszug der Israeliten
stattfand, sowohl nach den ausdrücklichen Erzählungen, die uns
Josephus aus dem Werke des Manetho aufbewahrt hat, als nach
der unverkennbaren Andeutungen im Alten Testamente, welche
durch den monumentalen Nachweis ergänzt werden, dass die von
den Israeliten gebaute Stadt Ramses nach ihrem Gründer dem
Vater des Menephthes, Ramses dem 2ten, (Der hat aber nicht
die Stadt gegründet, da sie vor ihm existirte.) dessen Cultusbild
noch jetzt in den Trümmern dieser Stadt bei dem heutigen Orte
Abu Keschêb liegt, benannt war."

Wenn ich unten meine Anordnung der Aegyptischen Dyna-
stien- und Königsreihen darstelle, woraus erhellen wird, dass
vollkommene Uebereinstimmung unter den verschiedenen Quellen-
angaben, dem Manetho, Theon, Josephus und den Aegyptischen
Denkmälern, speciell dem Elephantinefragmente von selbst folgt,
wenn man nur keine Aenderungen oder Verbesserungen in
den Quellen macht: werde ich zugleich zeigen, dass der öfter
genannte Menephthes von Lepsius zu früh gesetzt worden ist,
da der Anfang der Sothisperiode vom Jahre 1322 v. Chr. und
der Auszug der Israeliten nicht unter Menephthes, sondern unter

---

[1] Königsb. d. Aeg. S. 128.

einem Könige von der vorhergehenden, der 18ten Dynastie, nämlich Ma-neb-ra (= Menophres) Amen-hotep (= Amenophis) stattfand. Dass Menephthes zu früh angesetzt worden ist, geht ausserdem aus den Verwickelungen hervor, in die Lepsius durch diese Zeitbestimmung hineingerathen ist. Er sagt nämlich:[1]

Mit dem Endjahre der 19ten Dynastie (bestimmt durch die Annahme des Regierungsantrittes des Menephthes im Jahre 1322 v. Chr.) ist uns zugleich der Ausgangspunkt für die Beurtheilung der nächsten drei Dynastien gegeben, deren Summen früher nicht bestimmt werden konnten. Wenn wir vom Jahre 1269 vor Chr., dem ersten der 20ten Dynastie, die drei Africanischen Summen 135 + 114 + 120 = 369 Jahre abziehen, so erhalten wir als erstes Jahr der 23sten Dynastie 900 v. Chr. Dagegen fanden wir von dem Einfalle des Sabakôs in der 24sten Dynastie aufwärts rechnend als erstes Jahr der 23sten Dynastie vielmehr 787 v. Chr., so dass uns nicht weniger als 113 Jahre fehlen. Es ist also ersichtlich, dass wenn nur überhaupt der Anfang der Sothisperiode 1322 v. Chr. unter Menephthes fiel, (dies ist aber eben nicht der Fall.) und der Regierungsantritt des Taharka um 692 v. Chr. richtig bestimmt wurde, es völlig unmöglich ist, die Zwischenzeit mit den Africanischen Zahlen auszufüllen."

Dies ist ganz natürlich; denn da Lepsius den Menephthes zu früh gesetzt hat, so müssen die Manethonischen Zahlen für die nachfolgende Zeit zu klein werden. Um seinen eigenen Fehler auszugleichen, muss nun Lepsius Fehler bei Manetho annehmen und die Angaben desselben ändern, um sie in Harmonie mit seinen eigenen zu bringen.

Obgleich wir in vollen Masse anerkennen, dass Lepsius durch scharfsinnige und ausführliche Behandlung viele einzelne Punkte aus Unbestimmtheit und Dunkelheit zur vollen Bestimmtheit und Klarheit gebracht und dadurch der ägyptologischen Wissenschaft ausgezeichnete Dienste geleistet hat, können wir doch nicht sein chronologisches System in allen seinen Theilen als richtig gelten lassen, weil es, wie gezeigt worden ist, auf so vielen willkürli-

[1] Königsb. d. Aeg. S. 149.

chen Aenderungen der Quellen desselben beruht. Dennoch ist es auch so von grossem Nutzen gewesen: citius ex errore quam e confusione veritas emergit. Die ägyptologische Wissenschaft ist noch neu und unsicher; es ist also von vorn herein zu erwarten, dass man nicht sogleich die Wahrheit ganz erreichen kann; man muss sich jedoch nicht dadurch irre machen lassen: wenn man nur muthig vorwärts geht, wird man sie doch am Ende finden können. Lepsius System ist ein schönes, mit architectonischer Kunst aufgeführtes Gebäude; die einzelnen Theile, die früher getrennt herum lagen, sind hier in ein Ganzes zusammengefügt und übersichtlich geworden. Die Aegyptologen haben zwar in den einzelnen Punkten Vieles dagegen einzuwenden gehabt; es ist jedoch noch stehen geblieben, indem sie nichts Besseres in die Stelle desselben zu setzen gehabt haben. Sie beschäftigen sich nämlich jetzt beinahe ausschliesslich mit Uebersetzungen und Erklärungen der Monumentalinscriptionen und der reichen Papyruslitteratur, im Ganzen mehr mit Untersuchung des Einzelnen und mit Ansammlung der Materialien, als mit Totaldarstellungen, was freilich auch der Wissenschaft am meisten frommt, während man vorher, ohne die nothwendigen Materialien dazu zu besitzen, zu früh ganze Systeme aufzuführen bemüht gewesen ist.

Brugsch hat in seinem im Jahre 1859 erschienenen Werke: „Histoire d'Égypte" natürlich chronologische Bestimmungen gegeben; dies war ihm aber weniger wichtig, da es seine wesentliche Absicht war, die zu seiner Zeit übersetzten Theile der hieroglyphischen und hieratischen Litteratur zu corrigiren, zu sichten und historisch zu benutzen. Seine chronologischen Bestimmungen weichen mehrmals wesentlich von denen des Lepsius ab, indem er, durch die Denkmäler geführt, die Dynastien anders geordnet, wie z. B. die 6te und 18te Dynastie als Reichsdynastien in die Zeitreihe aufgenommen hat, wodurch er dahin kommt, den Regierungsantritt des ersten Aegyptischen Königs Menes in das Jahr 4455 vor Chr. zu setzen, statt mit dem Jahre 3893 v. Chr. zu beginnen, was Lepsius unzweifelhaft mit Recht thut. Hiedurch verzichtet er aber auf jede innere Uebereinstimmung in den Manethonischen Angaben, und da er übrigens eben so willkürliche Aenderungen in den Manethonischen Zahlen gemacht hat, wie Lepsius, und die oben besprochenen Aenderungen desselben in der Elephantineinscription, in den Angaben Theons und Josephus annimmt, so steht seine Chronologie als ein Ganzes in innerem Werthe der des Lepsius nach; denn er hat dieselben Fehler, aber nicht dasselbe Streben nach Harmonie und Uebereinstimmung. Die Chronologie war ihm indessen, wie gesagt, nur Nebensache. Der kenntnissreiche und ausgezeichnete Aegyptolog hat sich durch seine grossen werthvollen Werke: die Geographie und die Geschichte Aegyptens, durch seine scharfsinnigen Erklärungen hieroglyphischer, hieratischer und demotischer Monumente so viel Verdienst um die Aegyptologie erworben, dass es höchst unbillig wäre zu tadeln, dass er nicht Zeit oder Gelegenheit gehabt habe, zugleich die Chronologie als Hauptsache zu behandeln.

Dritte Abtheilung.

Versuch eines neuen chronologischen Systemes.

Vorbemerkung.

Die vielen Mängel, die an den früheren Systemen anhaften, motiviren vollkommen einen neuen Versuch, Einheit und Uebereinstimmung hervorzubringen, und er würde seinen Nutzen haben, selbst wenn er nicht die volle Aufgabe lösen oder alle Schwierigkeiten überwinden sollte. Meine Untersuchungen auf diesem Gebiete und meine Combinationen der vorliegenden Thatsachen haben ein so günstiges Resultat gegeben, dass man kaum, wenigstens bei dem gegenwärtigen Stande der Aegyptologie, erhebliche Einwendungen dagegen wird machen können. Dies möge mir als Entschuldigung dienen, dass ich diesen Versuch wage. Man hat zwar bisher den Manetho als Quelle angegeben, aber eigentlich mit Unrecht, indem man ihn auf so vielfache Weise geändert und entstellt hat, dass man ihn gar nicht wiedererkennen kann. Mein Hauptgedanke, Manetho wirklich als Quelle zu benutzen, indem ich gewissenhaft und ohne Veränderung der einzig richtigen Redaction, der Africanischen folge, darf vielleicht schon von vornherein als richtig anerkannt werden; jedenfalls wird man einräumen, dass der Versuch, die vollständigste Quelle, die wir besitzen, auch einmal in der That zu benutzen, nicht nur statthaft, sondern auch durchaus nothwendig ist. Wenn es sich nun zugleich nachher zeigt, dass es nur auf diese Weise möglich ist, einerseits Einheit und Harmonie unter den Manethonischen Zahlen selbst, andererseits Uebereinstimmung mit der zweiten Quellengruppe, den Aegyptischen Denkmälern, herzustellen, so wird man wohl das Resultat als ein sehr günstiges anerkennen müssen. Der Leser wird beurtheilen können, ob ich dies Resultat wirklich erreicht habe.

Meine Darstellung wird am natürlichsten mit den Manethonischen Listen, die die wesentlichste Grundlage der Aegyptischen Chronologie bilden, den Anfang machen. Demnächst werde ich nachweisen, dass die Aegyptischen Denkmäler die von Manetho her genommenen Bestimmungen vollständig bestätigen.

Die 30 Dynastien des Africanischen Manetho.

Das einzige innerhalb der Manethonischen Listen selbst liegende Kriterium ihrer Richtigkeit ist nur in dem Umstande zu suchen, dass ihre Angaben ohne Zwang und ohne willkürliche Aenderungen zu innerer Harmonie unter einander gebracht werden können. Dies findet nur statt in der Redaction derselben, die sich bei Syncellus unter dem Namen der Africanischen findet. Da nicht wir allein von unserem Standpunkte aus diese als die einzig richtige betrachten müssen, sondern auch Böckh, wie wir gesehen haben, durch seine textkritischen Untersuchungen der verschiedenen Redactionen zu demselben Resultate gelangt ist, so kann es kein Bedenken erregen, sie zu Grunde zu legen. Da ich indessen getadelt habe, dass meine Vorgänger Aenderungen gemacht haben, so versteht es sich von selbst, dass ich die

Zahlen, so wie sie von Africanus überliefert worden sind, durchaus unverändert behalte.

Zunächst theile ich die 30 Dynastien des Africanischen Manetho nach einander mit, indem ich jedoch, um Raum zu sparen, die Namen und Regierungsjahre der einzelnen Könige weglasse. Zugleich nehme ich der Vergleichung wegen Böckhs Kanon auf, so wie er ihn am Ende seines Werkes als Resultat seiner textkritischen Untersuchungen aufgestellt hat.

			Africanus. Aegypt. Jahr.	Böckhs Kan. Aegypt. Jahr.
1ste Dynastie.	8	Thiniten	263	253
2te	—	9 —	302	302
3te	—	9 Memphiten	214	214
4te	—	8 —	284	284
5te	—	9 Elephantiner. . . .	218	248
6te	—	6 Memphiten	198	203
7te	—	70 —	— 70 T.	1
8te	—	27 —	146	142
9te	—	19 Herakleopoliten . .	409	409
10te	—	19 —	185	185
11te	—	16 Diospoliten	43	43
		Ammenemes. . . .	16	16
12te	—	7 Diospoliten	160	160
13te	—	60 —	453	453
14te	—	76 Xoïten	184	184
15te	—	6 Hyksoskönige . . .	284	284
16te	—	32 —	511	518
17te	—	43 —		
		und 43 Diospoliten. . .	151	151
18te	—	16 Diospoliten	259	263
19te	—	6 —	209	209
20ste	—	12 —	135	135
21ste	—	7 Taniten	114	114
22ste	—	9 Bubastiden	120	120
23ste	—	4 Taniten	89	89

24ste Dynastie.	Bocchoris	6	6
25ste	—	3 Aethiopen	40	40
26ste	—	9 Saïten	151	150
27ste	—	8 Perser	124	125
28ste	—	Amyrtäus	6	6
29ste	—	4 Mendesier	20	21
30ste	—	3 Sebennyten	38	38
		Zusammen	5332	5366

Man sieht, dass ich einige Abweichungen von Böckhs Kanon habe. Bei fünf Dynastien aber rühren sie von dem Umstande her, dass Böckh sich an die überlieferten Summen gehalten hat, während ich die aus den für die einzelnen Könige angegebenen Regierungsjahren ausgezogenen Summen aufgenommen habe, ein Verfahren, das von Böckh selbst in zwei anderen Fällen befolgt worden ist, und als das einzig richtige erscheint, da es höchst wahrscheinlich ist, dass sich die überlieferten Summen nicht von Manetho herschreiben. Wir wollen aber jede Nichtübereinstimmung besonders betrachten.

Für die 1ste Dynastie hat Böckh 10 Jahre zu wenig; seine 253 Jahre rühren von der bei Africanus beigefügten Summe her, während die einzelnen Posten die von mir aufgeführten 263 Jahre geben. Für die 5te Dynastie hat Böckh die überlieferte Summe 248 Jahre; aus den einzelnen Posten gehen nur 218 Jahre hervor, die ich habe. Für die 6te Dynastie giebt Böckh 5 Jahre mehr als ich, was indessen kaum richtig ist; denn Africanus sagt von dem 4ten Könige dieser Dynastie, dem Phiops:[1] Φίωψ ἐξαέτης ἀρξάμενος βασιλεύειν διεγένετο μέχρις ἐτῶν ρ΄; aus dem es hervorgeht, dass Phiops 95 Jahre regierte, nicht 100 Jahre, die Böckh nach Eratosthenes giebt. Die 7te Dynastie regierte 70 Tage, wie auch Böckh liest; da aber der Kanon ganze Jahre fordert, so lässt er die 70 Tage für 1 Jahr zählen, „da es unangemessen scheint," sagt er, „die ganze Dynastie für nichts zu rechnen." 70 Tage sind aber kaum $7/36$ Jahr, und es ist wenig wahrscheinlich, dass die nachfolgende Dynastie $29/36$ Jahr ihrer Regierungszeit als Null

[1] Sync. p. 56 B.

rechnete, um die vorhergehende ihr $^{7}/_{36}$ Jahr für ein ganzes rechnen zu lassen. Die 8te Dynastie bestand nach Africanus, der hier nicht die Namen und Regierungsjahre der einzelnen Könige angiebt, aus 27 Memphitischen Königen, die 146 Jahre regierten. Böckh ändert in 142 Jahre, weil Syncellus hinzufügt: „Es werden mit den früher bestimmten Jahren (1497 Jahren) für die acht Dynastien 1639 Jahre,[1] woraus folgt, sagt er, dass Syncellus 142 gelesen haben müsse; „denn es ist 1497 + 142 = 1639." Es muss aber ein für alle Mal bemerkt werden, dass wir gar nicht Rücksicht auf die Zusammenzählungen des Syncellus nehmen können; denn er ist ein sehr schlechter Rechenmeister, und seine Rechenfehler würden uns, wenn wir ihnen folgen wollten, in die unauflöslichsten Verwickelungen führen. Wir haben hier nur mit seiner Africanischen Redaction zu thun, und diese sagt, dass die 8te Dynastie 146 Jahre regierte. Für die 18te Dynastie habe ich 259 Jahre, die die Summe der Regierungsjahre der einzelnen Könige sind. Hier muss ich jedoch die Bemerkung hinzufügen, dass ich dem 2ten Könige dieser Dynastie, dem Amenophthis, 21 Jahre nach einer im Rande beigefügten Variante (die vielleicht von Goar herrührt) gegeben habe, während der Text 24 Jahre hat; die 21 Jahre müssen doch die richtigen sein, da sie sich beinahe in allen Redactionen und Auszügen aus Manetho finden: Josephus führt 20 Jahre 7 Monate an, ebenzo Theophilus und Eusebius bei Syncellus, und Eusebius in der Armenischen Uebersetzung hat 21 Jahre, die sich auch in zwei anderen Quellen finden. Müller hat daher, wie es scheint mit Recht, in seiner Ausgabe von Manetho, die 21 Jahre des Randes den 24 Jahren des Textes vorgezogen. Böckh sieht auch von seinem textkritischen Standpunkte die 21 Jahre als richtiger an; er giebt aber der Dynastie 263 Jahre, weil Syncellus diese Summe hat, obgleich sie weder mit den 21 noch den 24 Jahren stimmt. Der 26sten Dynastie habe ich 151 Jahre gegeben, weil die Einzelzahlen 150 Jahre 6 Monate betragen. Böckh dagegen sagt: „Ich rechne 150 Jahre,

---

[1] Sync. p. 58 C. Γίνονται σὺν τοῖς προτεταγμένοις ἔτη ,αχλθ' τῶν ὀκτὼ δυναστειῶν.

und lasse die 6 Monathe in der folgenden Dynastie mitzählen; für das Ganze kommt wenig darauf an, wo sie zählen." Die 27ste Dynastie hat 124 Jahre 4 Monate, die ich als 124 Jahre rechne, während Böckh, der die 6 Monate der vorhergehenden Dynastie mit diesen 4 Monaten zusammenrechnet, 125 Jahre giebt. Es scheint jedoch mehr angemessen, 6 Monate für ein Jahr zu rechnen, als vier. Der 29sten Dynastie giebt Böckh 21 Jahre; Africanus aber hat nur 20 Jahre 4 Monate. Dass Böckh hier wieder 4 Monate für 1 Jahr rechnet, können wir nicht, ungeachtet der weitläufigen Vertheidigung, billigen, da wir den Grundsatz festhalten müssen, dass $\frac{1}{2}$ Jahr und darüber für 1 Jahr, was weniger als $\frac{1}{2}$ Jahr ist, als Null gerechnet werden muss.

Man sieht, dass ich in allen hier besprochenen Abweichungen von Böckhs Kanon die Angaben des Africanus, so wie sie sich offenbar von Manetho herschreiben, für mich habe. Allerdings muss zugegeben werden, dass die nach jeder Dynastie beigefügten Summen wahrscheinlich von Africanus herrühren; aber er hat sie kaum aus Manetho hergenommen. Sie stehen nämlich, nach äusseren Zeichen zu urtheilen, in demselben Verhältnisse zu den nackten Königsreihen, wie die den einzelnen Königen beigefügten Bemerkungen, deren einige wenigstens sich als nicht Manethonisch mit Bestimmtheit nachweisen lassen. Wenn es z. B. von einem Könige der 18ten Dynastie, dem Amenophis heisst [1]: Οὗτός ἐστιν ὁ Μέμνων εἶναι νομιζόμενος καὶ φθεγγόμενος λίθος, so kann diese Bemerkung nicht von Manetho gemacht worden sein, der im dritten vorchristlichen Jahrhunderte lebte, weil die Statue des Memnon erst nach einem Erdbeben im Jahre 27 vor Chr. tönend wurde. Die der Säule eingeschriebenen Namen Griechischer und Römischer Reisenden, welche die bekannte Musik der Säule bei Sonnenaufgange gehört haben, sind alle später als das Jahr 27 v. Chr., und hören mit Septimius Severus auf, der die Säule herstellen liess. Böckh hat nachgewiesen,[2] dass mehrere dieser Bemerkungen nicht ursprünglich von Manetho herrühren, und wenn es auch wahr-

[1] Sync. p. 72 A.
[2] Manetho u. die Hundssternperiode S. 177 u. figg.

scheinlich ist, dass andere wirklich von ihm herstammen, so ist jedenfalls gewiss, dass nicht Alles, was Africanus als Manethonisch angiebt, auch in der That dafür zu halten ist. Freilich giebt der Königspapyrus am Ende jeder Dynastie die Gesammtsummen an, aber daraus folgt nicht nothwendig, dass Manetho dasselbe gethan hat. Da also Vieles für, und Nichts dagegen spricht, so können wir uns ohne Bedenken an die einzelnen Posten halten. Dasselbe hat auch Scaliger gethan.

Ich habe bisher die Abweichung in der 16ten Dynastie nicht besprochen. Dieser gebe ich 511 Jahre, während Böckh in Uebereinstimmung mit der Quelle 518 Jahre hat. Es ist dies die einzige Aenderung, die ich in den Zahlen des Africanischen Manetho mache, und sie muss daher besonders motivirt werden. Es kann eigentlich überflüssig scheinen, diese Aenderung zu machen; denn da die 16te Dynastie, wie wir später sehen werden, als eine mit anderen Dynastien gleichzeitige ausgestossen werden muss, so können die Regierungsjahre derselben auch nicht mit in die Jahressumme der Reichsdynastien gezählt werden, welche 3555 Jahre beträgt, wir mögen der 16ten Dynastie 511 oder 518 Jahre geben. Wäre die Aenderung vorgenommen, um Uebereinstimmung mit jener Zahl — den 3555 Jahren — hervorzubringen, so würde sie bedenklich sein und mich des wichtigsten Beweises für die Richtigkeit meiner Anordnung berauben. Dies ist indessen nicht der Fall: die Uebereinstimmung ist allenfalls da, und die Aenderung ist nur um eines von der Kritik des Textes selbst hergenommenen Grundes willen gemacht worden.

Josephus erzählt in seiner Streitschrift gegen Apion (c. Apion. I. 14) von dem Einfalle und der Herrschaft der Hirten in Aegypten. Nachdem er die eigenen Worte des Manetho direct angeführt hat, fügt er hinzu: „Er (Manetho) sagt, dass die Hyksoskönige 511 Jahre über Aegypten geherrscht haben." Nun entsprechen diese 511 Jahre unzweifelhaft den 518 Jahren, die der Africanische Manetho der 16ten Dynastie giebt; es entsteht also die Frage, welche Angabe als die richtige anerkannt werden muss. Da Josephus die Hyksos als identisch mit den Israeliten betrachtet, so ist ihre Geschichte ihm von grösster Wichtigkeit, und man kann daher nicht annehmen, dass er diesen Punkt leichtsinnig oder nachlässig behandelt habe. Es ist ausserdem gewiss, dass er wirklich, so wie er sagt, den Manetho benutzt hat; denn die beigefügte doppelte Etymologie des Wortes Hyksos kann, da sie eine ächt Aegyptische ist, nur von dem Aegyptischen Priester herrühren. Dass Josephus irgend einen Grund gehabt habe, fälschlich 511 Jahre statt 518 zu schreiben, kann gar nicht angenommen werden, da die 7 Jahre ihm in seiner Widerlegung Apions von keinem Nutzen sind. Auch der Umstand spricht für Josephus, dass er dem Manetho etwa 200 Jahre näher stand, als Africanus. Hiezu kommt endlich, dass sich ein Fehler in der Ueberlieferung der Manethonischen Listen leichter in die gleichzeitigen Dynastien einschleichen konnte, da die Jahressumme der Reichsdynastien unabhängig davon war. Alles führt uns also zu der Annahme hin, dass Josephus hier die ächt Manethonische Zahl überliefert hat; ich halte mich demnach an seine Angabe, was auch Lepsius und Brugsch, ohne dazu von ihrem Systeme gezwungen zu sein, gethan haben, und ich kann es um so mehr thun, als ich später noch einen schlagenden Beweis dafür beibringen werde.

Die gleichzeitigen Nebendynastien.

Wie schon mehrmals angedeutet, kann man kaum jetzt mehr in Zweifel ziehen, dass Manetho in seinem Werke einige der 30 Dynastien als gleichzeitig und untergeordnet angegeben hat. Ein vollständiges Wägen und Sichten all der Gründe, die für oder gegen diese Annahme angeführt worden, ist hier weniger nothwendig, und muss unterlassen werden, weil es uns zu weit führen und meistentheils nur eine Wiederholung sein würde von dem, was früher gesagt worden ist. Der eigentliche Beweis, der wohl darin liegt, dass man nur durch diese Annahme Einheit und Harmonie in den Manethonischen Angaben erreichen kann, wird in dem Folgenden geliefert werden. Vorläufig können wir uns gern mit einer Hypothese begnügen.

Wir schicken zunächst die allgemeine Bemerkung voraus,

dass Manetho sein Werk aus Memphitischen Quellen geschöpft hat, und daher nur die in Memphis und Mittelägypten herrschenden Dynastien als legitime Reichsdynastien betrachtete, während er die anderswo gleichzeitig regierenden Dynastien als untergeordnet nicht in der Zeitreihe aufgeführt hat. Daraus folgt nicht, dass die von ihm ausgestossenen Dynastien auch in der That immer schwächer und untergeordnet waren; er ist dabei nur dem angenommenen Legitimitätsprincipe treu geblieben, und wir können uns schon von vornherein leicht denken, dass wir einem Falle bei ihm begegnen können, der etwa analog ist mit der Aufführung Ludvigs des 17ten in der legitimen Königsreihe der Bourbonen. Dass er in seinem Werke der illegitimen Nebendynastien erwähnt hat, muss daher rühren, dass ihre Macht zu bedeutend war, um sie in einer Reichsgeschichte ganz unberücksichtigt zu lassen. Eigentlich ist es nicht ganz richtig zu sagen, dass Manetho diese Dynastien aus der Zeitfolge ausgestossen hat; denn man muss annehmen, dass er in seiner Dynastienliste zuerst nur die legitimen Reichsdynastien nach einander aufgeführt, und nachher die in seinem Werke besonders besprochenen illegitimen Nebendynastien angegeben hat. Von den späteren Herausgebern sind dann die illegitimen Dynastien aus Missverständnisse entweder des Werkes selbst oder der Dynastienliste zwischen den legitimen Reichsdynastien ihrer Zeit nach eingeschoben worden. Diesen Fehler haben wir, durch Ausstossen der unrichtig eingeschobenen Dynastien, wieder gut zu machen.

Indem ich mir vorbehalte, die nähere Begründung später zu liefern, will ich sogleich die Dynastien angeben, die meiner Meinung nach ausgestossen werden müssen.

Die 9te Dynastie	409 Jahre
— 10te —	185 —
— 11te —	43 —
Ammenemes . . .	16 —
— 13te Dynastie	453 —
— 16te —	511 —
— 22te —	120 —
— 25ste —	40 —
Zusammen	1777 Jahre.

Oben haben wir gefunden, dass die Jahressumme der 30 Dynastien ist . . . . 5332 Jahre;
wenn wir davon die Jahressumme der illegitimen Nebendynastien abziehen . . . . 1777 —
so bekommen wir . . . . 3555 —
als Summe der Regierungsjahre der legitimen Reichsdynastien, und eben so viele Jahre giebt auch Manetho für das Bestehen des Aegyptischen Reiches bis zum Ende der 30sten Dynastie an. Die genaue Uebereinstimmung, die hier ohne Aenderung einer einzigen Manethonischen Zahl stattfindet, kann unmöglich zufällig sein, und da sie nicht durch Ausstossen anderer, als der oben aufgeführten Dynastien hervorgebracht werden kann, so müssen diese von Manetho wirklich als gleichzeitig angegeben worden sein. Dieser von den Manethonischen Listen hergenommene Beweis nicht allein ihrer Inneren Wahrheit, sondern zugleich ihrer richtigen Benutzung, scheint nicht bestritten werden zu können, und da ausserdem die hiedurch gewonnenen Zeitbestimmungen mit den Aegyptischen Denkmälern stimmen, wie später wird gezeigt werden, so darf vielleicht anerkannt werden, dass unsere Aegyptische Chronologie einen festen Grund hat.

Ehe ich zu der speciellen Begründung des Ausstossens übergehe, will ich der Uebersicht wegen die Reihe der legitimen Reichsdynastien mit Angabe der absoluten Zeit aufnehmen. Ich mache dabei zuerst die Bemerkung, dass die 3555 Jahre Aegyptische Jahre von 365 Tagen sind, also $1/4$ Tag kürzer als das Sothis- oder Julianische Jahr. 1461 Aegyptische Jahre sind demnach mit 1460 Julianischen Jahren gleich, woraus folgt, dass wir anstatt der 3555 Aegyptischen 3553 Julianische Jahre als Zeitraum des Aegyptischen Reiches setzen müssen. Das pharaonische Reich hörte mit Nechthanebos, dem letzten Könige der 30ten Dynastie auf. Sein letztes Jahr wird unzweifelhaft mit Recht in das Jahr 340 vor Chr. gesetzt; wenn hiezu die 3553 Jahre hinzugefügt werden, so muss Menes, der erste Aegyptische König im Jahre 3893 vor Chr. die Regierung angetreten haben. Die Reihe wird demnach folgendermassen aufzustellen sein.

Die gleichzeitigen Nebendynastien.

Der Regierungsantritt des Menes fand statt im Jahre 3893 v. Chr.
Die 1ste Dynastie regierte . . . . 263 Jahre.
                                                    bis 3630 v. Chr.
— 2te — — . . . . 302 Jahre.
                                                    bis 3328 v. Chr.
— 3te — — . . . . 214 Jahre.
                                                    bis 3114 v. Chr.
— 4te — — . . . . 284 Jahre.
                                                    bis 2830 v. Chr.
— 5te — — . . . . 218 Jahre.
                                                    bis 2612 v. Chr.
— 6te — — . . . . 198 Jahre.
                                                    bis 2414 v Chr.
— 7te — — . . . . — 70 Tage
                                                    bis 2414 v. Chr.
— 8te — — . . . . 146 Jahre.
                                                    bis 2268 v. Chr.
— 12te — — . . . . 160 Jahre.
                                                    bis 2108 v. Chr.
— 14te — — 184—1 Jahr [1] . . . . . 183 Jahre.
                                                    bis 1925 v. Chr.
— 15te — — . . . . 284 Jahre.
                                                    bis 1641 v. Chr.
— 17te — — 151 Jahre, davon Hyksos und
                        Diospoliten gemeinschaftlich 43 Jahre.
                                                    bis 1598 v. Chr.
                        Diospoliten allein . . . . 108 Jahre.
                                                    bis 1490 v. Chr.
— 18te — — . . . . 259 Jahre.
                                                    bis 1231 v. Chr.
— 19te — — . . . . 209 Jahre.
                                                    bis 1022 v. Chr.

---

[1] Hier muss ein Aegyptisches Jahr subtrahirt werden, um das richtige Julianische Jahr vor Chr. zu bekommen.

	bis	1022 v. Chr.
Die 20ste Dynastie regierte		135 Jahre.
	bis	887 v. Chr.
— 21ste — —		114 Jahre.
	bis	773 v. Chr.
— 23ste — —		89 Jahre.
	bis	684 v. Chr.
— 24ste — —		6 Jahre.
	bis	678 v. Chr.
— 26ste — —		151 Jahre.
	bis	527 v. Chr.
— 27ste — — (124—1)[1]		123 Jahre.
	bis	404 v. Chr.
— 28ste — —		6 Jahre.
	bis	398 v. Chr.
— 29ste — —		20 Jahre.
	bis	378 v. Chr.
— 30ste — —		38 Jahre.
	bis	340 v. Chr.

Indem ich zu der näheren Begründung übergehe, schicke ich eine Bemerkung voraus. Obgleich meine Anordnung, wie man sieht, ziemlich verschieden von der des Lepsius ist, und ungeachtet die Regierungsjahre, die ich den Dynastien gebe, oft von denen, die Lepsius giebt, abweichen, so oft nämlich, als er von den Manethonischen Jahren abweicht: so ist uns doch der Anfangspunkt, 3893 Jahre v. Chr., derselbe. Es ist das grosse Verdienst des Lepsius, dass er durch scharfsinnige und vollständige Untersuchungen aller hieher gehörenden Punkte ein für alle Mal das erste Jahr der Aegyptischen Reichsdynastien bestimmt hat. Eine erneuerte Erwägung dieser Punkte ist hier um so mehr überflüssig, als die innere Harmonie und Uebereinstimmung unseres Systemes vielleicht als ein neuer Beweis für die Richtigkeit des Ausgangspunktes darf angesehen werden. Uebrigens kann ich alle diejenigen Punkte übergehen, die Lepsius schon bewiesen

[1] Hier geht wieder 1 Aegyptisches Jahr ab.

hat; denn er ist der wissenschaftliche Gründer der Aegyptischen Chronologie, und man wird immer genöthigt werden, in diesen Dingen zu ihm zurückzukehren. Ich verhalte mich supplirend und corrigirend zu ihm, und will daher in der Regel nur das zu begründen suchen, was ich von ihm verschieden habe.

Aus diesem Grunde kann ich die vier ersten Dynastien mit Stillschweigen übergehen. Ihre Stelle in der Reihe als Reichsdynastien unterliegt keinem Zweifel. Es ist oben gezeigt worden, dass es unrichtig ist, der 1sten Dynastie 253 Jahre statt 263 zu geben.

In Bezug auf die 5te und 6te Dynastie ist eine Bemerkung nothwendig. Von der 5ten Dynastie berichtet Africanus:[1] Πέμπτη δυναστεία βασιλέων η' ἐξ Ἐλεφαντίνης, und von der 6ten:[2] Ἕκτη δυναστεία βασιλέων ἐξ Μεμφιτῶν. Da Lepsius sich durch die Denkmäler genöthigt wähnt, die 5te Dynastie als eine Reichsdynastie und die 6te als eine in Oberägypten herrschende gleichzeitige zu setzen, so nimmt er an, dass sich bei Africanus eine Vertauschung der Ortsbezeichnung finde, und dass die 5te Dynastie eine Memphitische, die 6te aber eine Elephantinische genannt werden müsse. Bei der letzteren soll ursprünglich gestanden haben: βασιλέων ἐξ Ἐλεφαντίνων, welcher Ausdruck, da er durch Vertauschung bei der 5ten Dynastie stehen blieb, in: βασιλέων θ' ἐξ Ἐλεφαντίνης geändert würde. Indem nun Lepsius die vermeintlich ursprüngliche Lesart herstellt, bekommt er heraus, dass Manetho die 5te Dynastie als eine Memphitische, die 6te aber als eine Elephantinische oder Oberägyptische bezeichnet habe, welche letztere als eine gleichzeitige aus der Zeitfolge ausgestossen werden müsse. Wie wir überhaupt jede Aenderung als unstatthaft ansehen, können wir der vermeintlichen Wiederherstellung keineswegs beipflichten. Africanus sagt, dass die Könige der 5ten Dynastie aus Elephantine waren; hiedurch wird nur angegeben, dass sie von da herstammten, nicht dass sie auch da regierten; sie können daher dessenungeachtet recht gut in Memphis regiert

---

[1] Syncell. pag. 57 D.

[2] Sync. pag. 58 A.

haben. Bei der 1ten und 2ten Dynastie haben wir ein ähnliches Verhältniss. Es ist bekannt, dass sie aus This stammten und daher Thinitisch genannt wurden; sie regierten aber in Memphis: dies geht, wenigstens was die 1ste Dynastie betrifft, schon aus der Erzählung Herodots hervor, der sagt, dass Menes die Stadt Memphis erbaute und als Residenz benutzte; und Lepsius hat aus den beigefügten Bemerkungen des Africanus unwiderleglich bewiesen, dass alle beiden in Memphis residirten, wobei er sich nicht durch die Benennung „Thinitisch" hat beirren lassen. Der Ausdruck ἐξ Ἐλεφαντίνης: „aus Elephantine (herstammend)" kann folglich nicht der Annahme hinderlich sein, dass die 5te Dynastie in Memphis residirte. Dass dies der Fall war, bezeugen die Denkmäler, und somit muss Manetho, dem Memphitischen Legitimitätsprincip zufolge, sie als eine Reichsdynastie aufgeführt haben. Als eine solche sehen wir sie demnach an, ohne Anstoss an dem Ausdruck: „aus Elephantine" zu nehmen. Lepsius würde wohl auch keinen Anstoss daran genommen haben, wenn er nicht geglaubt hätte, dass die 6te Dynastie aus der Zeitfolge ausgestossen werden müsse. Nachdem er sie durch die Aenderung des Africanischen Textes als eine Elephantinische bestimmt hatte, bekam er eine, obwohl sehr schwache Andeutung, dass sie in Oberägypten regiert habe. Eine solche Andeutung würde aber allzu schwach sein, und würde Niemand hier mehr als bei den zwei ersten Dynastien bestimmen können. Indessen, sie wird von Africanus als eine Memphitische bezeichnet; jede Aenderung ist unzulässig. Hieraus kann aber nicht gefolgert werden, dass sie auch in der That in Memphis regierte. Die Entscheidung hierüber kommt nur den Denkmälern zu. Nun haben wir früher [1] angeführt, dass Denkmäler dieser Dynastie sich von Assuan bis zu der Halbinsel Sinaï finden, und es muss demnach als das Richtigste angesehen werden, diese Dynastie in Uebereinstimmung mit Brugsch für eine Reichsdynastie zu halten. Wir setzen also die 5te und 6te Dynastie in die Zeitreihe hinein. Lepsius hat mit Böckh übereinstimmend der 5ten Dynastie 248 Jahre gegeben; ich habe aber, wie oben an-

---

[1] Siehe oben S. 37.

gezeigt, mit Africanus übereinstimmend 218 Jahre. Was die 6te Dynastie betrifft, weicht Lepsius dagegen von Böckh ab, und giebt nach Africanus 198 Jahre, die ich auch aufgeführt habe.

Bei der 7ten Dynastie hat Lepsius die von Africanus gegebenen 70 Tage in 70 Jahre geändert, weil „diese Angabe in dem Manethonischen Werke ein Unsinn und daher eine Unmöglichkeit wäre." 70 Jahre sind aber für 70 Könige unter gewöhnlichen und ruhigen Verhältnissen gar nicht mehr angemessen als 70 Tage; man muss jedenfalls ausserordentliche Verhältnisse statuiren, und diese lassen sich durch kein Raisonnement reconstruiren. Man hat sich also nur an die Quellen zu halten, ohne von Möglichkeiten oder Unmöglichkeiten, die man unmöglich bestimmen kann, zu sprechen. Eusebius hat zwar in der Armenischen Uebersetzung, nicht aber in der Syncellischen Redaction, Jahre statt Tage, und Lepsius stützt sich in seiner Emendation auf den Armenischen Eusebius. Dass sich aber Jahre, als die gewöhnliche Zeitbestimmung, anstatt Tage, als der ungewöhnlichen, hineinschleichen konnten, lässt sich leicht erklären; das Umgekehrte, $\dot{\eta}\mu\acute{\epsilon}\rho\alpha\varsigma$ statt $\mbox{ἔτη}$, scheint dagegen beinahe unmöglich. Africanus hat sonst keine Angabe von Tagen; diese ist die einzige und kann nicht durch Abschreiberfehler hineingekommen sein. Indessen, Raisonnement ist überflüssig: Africanus giebt 70 Tage, und daran müssen wir uns halten, was auch Böckh gethan hat.

Die 9te, 10te und 11te Dynastie habe ich mit Lepsius als Nebendynastien aufgeführt. Dass ich nach Africanus der 9ten Dynastie 409 Jahre gegeben habe, Lepsius nach andern Quellen aber 109 Jahre, ist hier ganz unwesentlich, da die Jahressumme der Reichsdynastien davon unabhängig ist. Nach den Quellen kommen der 12ten Dynastie 160 Jahre, oder, wenn der einzelnstehende Ammenemes darin aufgenommen wird, 176 Jahre zu. Lepsius hat aber mit Verwerfung aller Manethonischen Redactionen 213 Jahre. Wir werden nachher auf diesen Punkt zurückkommen, wenn wir die Uebereinstimmung der Denkmäler mit den aus den Manethonischen Listen hergenommenen Zeitbestimmungen betrachten werden.

Die 13te Dynastie hat Lepsius, durch die Denkmäler geleitet, als eine nur in Theben und Oberägypten herrschende betrachtet. Manetho, welcher Memphitischen Quellen und Memphitischem Legitimitätsprincipe folgte, hat sie demnach als eine illegitime und untergeordnete Dynastie nicht in die Zeitfolge aufnehmen können. Sie ist daher von Lepsius ausgestossen worden, indem er sie als eine mit der Hirtenherrschaft in Memphis gleichzeitige Nebendynastie ansieht. Brugsch nimmt sie dagegen in seiner Histoire d'Égypte als legitim auf, weil die Denkmäler seiner Meinung nach dazu zwingen. Da ich mich hier auf keine Autopsie berufen kann, muss ich mich allein an die von Brugsch beigebrachten Gründe halten, und diese sind durchaus nicht so schlagend und überzeugend, wie die bestimmten Worte, womit sie vorgeführt werden, erwarten lassen. Er sagt:[1] Sur l'île d'Argo, au fond de l'Éthiopie, une statue du roi Sebekhotep VI démontre la puissance des rois de la treizième dynastie dans les parties du sud de leur royaume. Avançant plus au nord, nous découvrons à Thèbes et à Abydos, de même que dans la vallée de Hamamât, les mêmes preuves d'un gouvernement puissant de ces pharaons, sans aucune trace d'une invasion d'ennemis. Ainsi, ceux qui croient que l'invasion des Hycsos eut lieu au commencement de cette dynastie, n'ont pas envisagé les monuments de ce temps qui, malgré leur petit nombre, suffisent pour prouver la puissance des rois de la treizième dynastie dans la Haute-Égypte jusqu' à la Nubie. Aber Niemand läugnet die Macht der 13ten Dynastie in Oberägypten ab; man behauptet nur, dass sie nicht zugleich in Memphis regiert hat, und demnach nicht in den Memphitischen Annalen als Reichsdynastie hat aufgeführt werden können. Brugsch fährt fort: Un personnage, chargé des plus hautes fonctions à la cour de son pharaon et honoré par des titres bien flatteurs pour l'oreille d'un Égyptien de ce temps là, y raconte comme le pharaon lui avait donné l'ordre de faire voile „pour le pays de Pount (l'Arabie) pour lui apporter les pierres précieuses ana que les scheikhs phéniciens avaient ramassées dans leurs voyages parmi

---

[1] Histoire d'Égypte S. 74.

les peuples étrangers." Cette notice historique nous fait voir, de nouveau, les pharaons de cette dynastie possesseurs tranquilles de leurs pays. Quel pharaon aurait osé envoyer une flotte en Arabie, pour se procurer des bijoux, pendant une guerre aussi formidable et désastreuse que celle que les Égyptiens, plus tard, eurent à soutenir contre les ennemis sémitiques. Würde aber ein König, wäre er auch von den Hyksos abhängig, — welche Annahme der Abhängigkeit indessen gar nicht nothwendig ist, da die 13te Dynastie recht gut unabhängig in Theben regiert haben kann, während die Hyksos in Memphis residirten — nicht einige Schiffe, eines kaufmännischen Geschäftes wegen, über das rothe Meer schicken können? Die Hyksos waren Hirten, kaum Schiffer, und würden wohl, selbst wenn sie es gewünscht hätten, eine solche Expedition nicht haben hindern können. Ausserdem haben die letzten Entdeckungen, die Mariette durch seine Ausgrabungen in Tanis gemacht hat, die frühere Annahme vollständig widerlegt, dass die Hyksos auf vandalische Weise die Aegyptischen Culturbildungen vernichtet und die bestehenden Verhältnisse zerstört haben. Der schreckenvolle und unglückliche Krieg, dessen Brugsch erwähnt, hat zwar bei dem Einfalle der Hyksos stattgefunden, weil es Manetho erzählt; nachdem sie aber die Eroberung vollbracht hatten, regierten sie aller Wahrscheinlichkeit nach im Ganzen ziemlich friedlich und tolerant, da sie dem unzweideutigen Zeugnisse der Denkmäler zufolge im Verlaufe der Zeit stark ägyptisirt wurden. Der Beweis des Brugsch ist daher nicht der Art, dass er die Aufnahme der 13ten Dynastie in die Zeitreihe motivirt. Von grösserem Gewicht scheint ein anderer Grund zu sein, den Mariette für dieselbe Annahme beibringt. Dieser tüchtige Französische Aegyptolog hat längere Zeit die Ausgrabungen geleitet, die der jetzt verstorbene Aegyptische Vicekönig, Muhammed Saïd Pacha, in den früher wenig untersuchten Oertern hat machen lassen. In einem Briefe, in die Revue archéologique (S. 97 u. flgg. für 1861) aufgenommen, theilt er die Resultate der Ausgrabungen in Tanis oder Auaris mit, wo die Hirtenkönige jedenfalls einige Zeit residirten. Mariette erwähnt hier einer Statue von kolossaler Grösse mit dem Schildnamen Ra-smenkh-ka einscribirt. Der Familienname ist nicht mehr da, weil ein Stück des Granites, wo er stand, ausgefallen ist. Auf der rechten Schulter findet sich ein anderer Königsname, dessen Thronschild unleserlich ist; der Familienname lautet aber Apepi. Die Statue stellt Ra-smenkh-ka dar, und rührt demnach von der Zeit dieses Königes her. Obgleich der Familienname fehlt, hat Mariette die Ueberzeugung, dass Ra-smenkh-ka einer der zwei Familien Neferhotep und Sebek-hotep angehöre, deren Namen für die Pharaonen der 13ten Dynastien so oftmals wiederkehren, und dass er demnach Einer dieser Könige sei. Der Name Apepi, dies unterliegt keinem Zweifel, gehöre einem Hirtenkönige an, der später seinen Namen habe einhauen lassen. Folglich hätten, so schliesst Mariette, wenigstens einige Könige der 13ten Dynastie vor dem Einfalle der Hyksos regiert, weil sie nicht nach diesem ihre Statuen in Auaris, der vorzüglichsten Festung der Hirten, hätten aufstellen können. Gegen diesen Schluss kann aber Erstens eingewendet werden, dass sich die Familie des Königs nicht bestimmen lässt, wenn der Familienname fehlt. Zweitens kommt der Thronname Ra-smenkh-ka nicht unter den vielen Namen vor, die anderswoher, aus dem Königspapyrus und den Denkmälern, als Namen der Pharaonen der 13ten Dynastie bekannt sind. Schon hieraus scheint hervorzugehen, dass Mariette in diesem Falle auf eine in der Aegyptologie leider nicht allzu seltene Weise aus einem einzelstehenden und dazu unbewiesenen Factum Consequenzen hergeleitet hat, die zu totaler Veränderung in der Auffassung der ganzen Aegyptischen Geschichte führen. Der beste Beweis aber, wie unhaltbar die Combinationen Mariettes sind, ist, dass er sich nachher offenbar genöthigt gesehen hat, sie aufzugeben. In einem Berichte, in die Revue archéologique (Maiheft 1862) aufgenommen, erzählt er nämlich, dass er eine andere kolossale Statue von derselben Beschaffenheit und mit demselben Thronnamen, wie die zuerst genannte, ebenfalls in Auaris ausgegraben habe; hier stehe aber zugleich der Familienname deutlich zu lesen; er sei Mer-menviu. Dieser sonderbare Name ist nicht anderswoher bekannt und kann zu keiner Zeitbestimmung führen: folglich kann es auch nicht die zuerst gefundene, die offenbar einen Pendant zu der letzteren bildet. Zwar meint Mariette jetzt, dass die genannten Colossen von einem der letzten Könige der 14ten Dynastie herrühren. Dies ist indessen nur Muthmassung, und wird nur desswegen erwähnt, um zu zeigen, dass Mariette seine frühere Annahme hat fallen lassen. Bevor ich diesen Punkt verlasse, will ich eine Schlussbemerkung hinzufügen. Dass irgend eine Statue oder überhaupt ein einzelnstehendes Denkmal der Pharaonen der 13ten Dynastie in Avaris, der Hauptfeste der Hyksos, aufgefunden wird, kann keinen entscheidenden Beweis abgeben, dass die 13te Dynastie vor dem Einfalle der Hirten regiert habe, da der Einwand sehr nahe liegt, dass die Hyksos ja, während ihres Kampfes gegen irgend einen König der gleichzeitig in Theben regierenden 13ten Dynastie, eine Königsstatue mit der Beute haben wegschleppen und als eine ausgezeichnete Siegestrophäe in ihrer Hauptstadt aufrichten können. Ich werde diesen Gedanken hier nicht weiter verfolgen; den Schluss glaube ich indessen mit Gewissheit aus dem Vorhergehenden folgern zu können, dass der Einwand, den man gegen Lepsius, seines Ausstossens der 13ten Dynastie wegen, gemacht hat, keinesweges gegründet ist. Ich folge also der Anordnung Lepsius' in diesem Punkte.

Die 14te, 15te, 16te und 17te Dynastie sind in Bezug auf die gegenwärtige Frage dergestalt an einander geknüpft, dass wir sie auf einmal betrachten müssen. Ich habe die 16te Dynastie aus der Reihe ausgestossen, und gebe folgende Anordnung:

Die Dynastien.	Die Könige.	Die Regierungsjahre	Jahre v. Chr.	Nebendynastie.
14	76 Xoïten	184	2108 - 1925	16 Dynastie:
15	6 Hirten	284	1925 - 1641	32 Hirten 511
17	Hirten und Diospoliten			Jahre von 2108
	gemeinschaftlich .	43	1641 - 1598	bis 1598 v. Chr.
	zusammen	511	2108 - 1598	
	Diospoliten allein	108	1598 - 1490	
	(Hirten in Avaris)			

Ich nehme nämlich an, dass die ganze Hyksosherrschaft in Aegypten in einer Summe durch die 16te Dynastie repräsentirt ist, indem ich glaube, dass Manetho, nachdem er die Dynastien, die seine legitime Regierungsfolge bilden, einzeln aufgeführt hatte, zuletzt, um eine gesammelte Uebersicht des Hyksosregimentes zu geben, hinzugefügt hat, dass die Hirten im Ganzen 511 Jahre regierten, welche Angabe dann nachher die Auszügler zur Aufstellung einer besonderen Dynastie verleitet hat.

Lepsius hat eine andere Anordnung, nämlich so:

Legitime Dynastien.

14te Dynastie. 76 Xoïten. 484 Jahre von 2167 bis 1684 v. Chr.
17te — 5 Diospoliten 93 — — 1684 — 1591 —

Nebendynastien.

15te Dynastie. 6 Hyksos. 260 Jahre von 2101 bis 1842 v. Chr.
16te — 32. — 251 — — 1842 — 1591 —

Nach dieser Anordnung wären die Hyksos im Jahre 2101 v. Chr., also im 66ten Jahre der 14ten Dynastie, in Aegypten eingedrungen, und nach einer Herrschaft von 511 Jahren, wieder im Jahre 1591 vor Chr. vertrieben worden, mit welchem Jahre die 18te Dynastie zu regieren anfinge. Diese an und für sich plausible Anordnung leidet indessen von dem sehr wesentlichen Mangel, dass sie auf Einzelbestimmungen beruht, die beinahe sämmtlich gegen die Quellen streiten. Erstens hat Lepsius nach der Eusebischen Redaction unrichtig der 14ten Dynastie 484 Jahre gegeben, statt 184, die Africanus hat und Böckh als die textkritisch richtigen ansieht. Zweitens sind für die 15te Dynastie 260 Jahre aufgeführt, während Africanus 284 Jahre überliefert hat, welche Zahl auch Böckh unverändert behält. Ferner hat er für die 16te Dynastie unrichtig 251 Jahre statt 511. Ich kann hier nicht alle für die Aenderung angeführten Gründe wiedergeben: es würde uns zu weit führen, und es mag genügen, das Factum anzuzeigen, dass Manetho 511 Jahre hat. An diese hat man sich zu halten, wenn man Manetho als Quelle betrachtet und angiebt. Endlich streiten die für die 17te Dynastie aufgeführten 93 Regierungsjahre nicht nur gegen die von Africanus angegebenen 151 Jahre, sondern zugleich gegen sämmtliche Redactionen der Manethonischen Listen. Lepsius hat nämlich, um hier näher seine Begründung anzudeuten, angenommen, dass Aegyptisch-Jüdische Schriftsteller, namentlich Josephus, die 17te, 18te und einen Theil der 19ten Dynastie aus der von Manetho aufgestellten Verbindung herausgenommen, und für sich allein betrachtet haben, weil sie eine Zeit der Aegyptischen Geschichte umfassen, die den Juden ein besonderes Interesse darbot, eine Zeit nämlich, da Abraham, Jacob, Joseph und Moses sich in Aegypten aufgehalten haben sollen, oder da die Hyksos, die ihnen identisch mit den Israeliten waren, daselbst regierten. Die Könige der genannten Dynastien, die zu dieser Zeit herrschten, sollen von jenen Schriftstellern ohne die bei Manetho stattgefundene Dynastienabtheilung in einer Reihe, so wie sie sich bei Josephus finden, aufgeführt, und in dieser Form statt der wahren 18ten Dynastie in die Manethonischen Listen als die 18te Dynastie eingetragen worden sein. Die auf diese Weise fälschlich gebildete 18te Dynastie soll demnach die 17te, die 18te und einen Theil der 19ten Dynastie repräsentiren, und indem Lepsius diese Dynastien, so wie sie von Africanus überliefert worden sind, ausser Betracht lässt, legt er die Josephische Königsreihe zu Grunde, und von dieser Quelle ausgehend arbeitet er eine Liste der genannten Dynastien aus, welche die ursprüngliche von Manetho gegebene Liste darstellen soll. Daher kommt der grosse Unterschied, der in diesem Theile der Chronologie Lepsius' zwischen seinen und den Africanischen Zahlen stattfindet. Hier liegt indessen die Bemerkung sehr nahe, dass man allem Rechte entsagt, die übrigen Theile der Manethonischen Listen als richtig aufzuführen, wenn man in einem Theile so wesentliche Fehler supponirt.

Man sieht, dass die überlieferten Regierungsjahre der 14ten, 15ten, 16ten und 17ten Dynastie von Lepsius durch und durch geändert worden sind. Wir können natürlich einer solchen Benutzung der Quellen nicht beipflichten. Man braucht wahrscheinlich nur auf sie aufmerksam zu machen: eine Widerlegung ist wohl nicht nothwendig. Ich will bloss hinzufügen, dass Lepsius, wie wir nachher sehen werden, gewiss mit Unrecht die 15te Dynastie aus der Reihe der Reichsdynastien ausgestossen hat.

Indem ich darauf hinweise, dass ich die Africanischen Zahlen unverändert beibehalten habe, will ich meine Anordnung zu motiviren suchen. Ich nehme an, dass die Hyksos im Jahre 2108 vor Chr. in Aegypten eingedrungen sich eines grossen Theiles des Landes bemächtigt haben. Die Herrschaft der 12ten Dynastie hörte damit auf. Die 13te Dynastie herrschte mit den Hyksos gleichzeitig, vielleicht grösstentheils unabhängig in Oberägypten, während die 14te Dynastie in Unterägypten regierte, indem sie entweder als abhängig von den Hyksos eingesetzt wurde, oder sich ihnen zum Trotz in entlegenen Gegenden behauptete. Nur die 14te Dynastie ist von Manetho als legitim anerkannt und in die Reihe der Reichsdynastien aufgenommen worden; die 13te Dynastie ist als Thebanisch und die Hyksos als rohe und grausame Usurpatoren ausgestossen worden. Da die 14te Dynastie aber nach einem Bestehen von 184 Jahren zu regieren aufhörte, waren die Hirten stark ägyptisirt worden. Sie hatten unterdessen mildere Sitten und eine höhere Cultur angenommen, und wurden daher bei einer gleichzeitigen Entfaltung grösserer materieller Macht als legitime Könige anerkannt. Als solche treten die sechs mit Namen angegebenen Hirtenkönige der 15ten Dynastie uns entgegen, und diese wurden von Manetho als eine Reichdynastie aufgeführt. Die sechs Hirtenkönige regierten 284 Jahre, und mit Inbegriff der 184 Jahre der 14ten Dynastie hatte die factische Herrschaft der Hirten am Ende der 15ten Dynastie im Ganzen 468 Jahre gedauert. Die gleichzeitig in Oberägypten herrschende 13te Dynastie, deren Regierungszeit zu 453 Jahren angegeben wird, hörte demnach 15 Jahre früher als die 15te zu regieren auf, indem die Hyksos wahrscheinlich in dieser Zeit ihre Herrschaft über ganz Aegypten behaupteten. Diese Herrschaft dauerte jedoch nur 15 Jahre. Die Macht der Hirten wurde gebrochen, eine neue Thebanische, die 17te, Dynastie erhob sich wieder und regierte 43 Jahre gleichzeitig mit den Hirten. Nach Verlaufe der 43 Jahre hatten die Hirten 511 Jahre (468 + 43) über Aegypten regiert.

Jetzt wurden sie aber von der 17ten Dynastie in das Deltaland zurückgedrängt, wo sie sich besonders durch die starke Festung Avaris 108 Jahre behaupteten. Dann wurde endlich die Festung von der einheimischen Dynastie erobert und mit diesem glorreichen Ereignisse fing eine neue glänzende Epoche an, die in den Listen durch den Regierungsantritt einer neuen, der 18ten, Dynastie bezeichnet wurde. In einer Gesammtübersicht des Hyksosregimentes hat Manetho zuletzt angegeben, dass es bis zum 43ten Jahre der 17ten Dynastie unter 32 Königen im Ganzen 511 Jahre bestanden habe. Aus dieser Angabe ist denn die 16te Dynastie entstanden, die wir indessen natürlicherweise als gleichzeitig betrachten müssen, da die 511 Jahre schon in den Regierungsjahren der 14ten, 15ten und eines Theiles der 17ten Dynastie in die Zeitreihe aufgenommen waren. Dieser einfache und natürliche Gang der Ereignisse kann ohne künstliche Erklärungen und verwickelte Combinationen beinahe ganz und gar aus den Africanisch-Manethonischen Listen selbst herausgelesen werden. Meine Darstellung ist demnach kein Hirngespinst, sondern stützt sich in jedem Einzelnen auf die Ueberlieferung. Einen Umstand will ich sogleich anzeigen, der auf eine überraschende Weise meine Aufstellung bestätigt. Wenn man die folgenden Zahlen zusammenzählt:

Die 14te Dynastie 76 Xoïten . . . . 184 Jahre
— 15te — 6 Hirten . . . . 284 —
— 17te — Hirten und Diospoliten (151—108 J.) 43 —
so bekommt man die Summe . . . . 511 Jahre,

die in der 16ten Dynastie als die Regierungszeit der 32 Hyksoskönige angegeben werden, und die Josephus als die Dauer der Hyksosherrschaft bis zum Anfange des grossen und langwierigen Kampfes aufführt. Hiedurch gewinnt man zugleich eine natürliche und leichte Erklärung der viel geplagten Worte des Africanus bei Syncellus:[1] Ἑπτακαιδεκάτη δυναστεία ποιμένες ἄλλοι βασιλεῖς μγ' καὶ Θηβαῖοι Διοσπολῖται μγ'; denn wenn man vor der Zahl μγ' nur ἔτη setzt, so wie schon Fruin richtig conjecturirt hat, so sagt

[1] Sync. p. 61. C.

Africanus: „Die 17te Dynastie, andere Hirtenkönige 43 Jahre und Thebanische Diospoliten 43 Jahre" und fügt dann hinzu: Ὁμοῦ οἱ ποιμένες καὶ Θηβαῖοι ἐβασίλευσαν ἔτη ρνα΄: „Hirten und Thebaner regierten (unter der 17ten Dynastie) zusammen 151 Jahre." Der Grund, warum Africanus diese sonst ungewöhnliche Doppelangabe hat, kann nur der sein, dass ein anderes Verhältniss zwischen den Hirten und den Diospoliten, als es früher stattgefunden hatte, nach jenen 43 Jahren eintrat, und die besondere Angabe der 43 Jahre war nothwendig, wenn die Hyksosherrschaft, deren Dauer man ja zu 511 Jahren angesetzt hatte, damit aufhörte. Die übrigen 108 Jahre (151—43) umfassen folglich die Zeit, da die Hirten unter fortwährendem Kampfe mit den Diospolitischen Königen sich in Avaris behaupteten, und konnten nicht mit den früheren 511 Jahren zusammengezählt werden, da die Hyksosherrschaft über ganz Aegypten damals factisch gebrochen war. Mit dieser Auffassung stimmen auch Manethos Worte überein, die uns Josephus überliefert hat und die folgendermassen lauten:[1] „Diese eben genannten Hirtenkönige nun und ihre Nachkommen beherrschten, sagt er (Manetho), Aegypten fünfhundert und eilf Jahre. Hernach aber machten die Könige der Thebaïs und die des übrigen Aegypten, sagt er, einen Aufstand gegen die Hirten, und es brach ein grosser und langwieriger Krieg aus." Von diesem Kriege werden einige Züge mitgetheilt, unter Anderem, wie die Hyksos Avaris verliessen und aus Aegypten nach Syrien zogen. Nach einer Herrschaft von 511 Jahren wurde also ein grosser und langjähriger Krieg geführt, ehe die Hyksos Aegypten ganz verlassen mussten. Diese Kriegszeit scheint mir in den restirenden 108 Jahren der 17ten Dynastie von Manetho angegeben worden zu sein, zu welcher Zeit ja auch die Hyksos regierten, näm-

---

[1] Josephus c. Apion L 14. 24: Τούτους δὲ τοὺς προκατωνομασμένους βασιλέας τοὺς τῶν ποιμένων καλουμένων καὶ τοὺς ἐξ αὐτῶν γενομένους κρατῆσαι τῆς Αἰγύπτου φησὶν ἔτη πρὸς τοῖς πεντακοσίοις ἕνδεκα. μετὰ ταῦτα δὲ τῶν ἐκ τῆς Θηβαΐδος καὶ τῆς ἄλλης Αἰγύπτου βασιλέων γενέσθαι φησὶν ἐπὶ τοὺς ποιμένας ἐπανάστασιν, καὶ πόλεμον αὐτοῖς συρραγῆναι μέγαν καὶ πολυχρόνιον.

lich in Avaris, aber doch auf eine andere Weise als in den ersten 43 Jahren. Hiedurch bekommt man Einheit und Uebereinstimmung zwischen der Angabe des Africanischen Manetho bei Syncellus und den Worten Manethos bei Josephus, eine Uebereinstimmung, die Lepsius so vollständig verfehlt, dass er nicht allein Africanus ausser Betracht lassen muss, sondern sich auch genöthigt sieht von Josephus, seiner einzigen Quelle für diesen Zeitraum, abzuweichen. Er hat nämlich in seinem Systeme keinen Raum für den grossen und langjährigen Krieg, und nimmt daher an, dass er innerhalb der 511 Jahre stattgefunden habe, nicht nach ihnen, wie die Worte μετὰ ταῦτα bestimmt aussagen; diese Worte muss man, nach Lepsius, nicht allzu wörtlich verstehen. Josephus sagt aber ausdrücklich: „Hernach (nach den 511 Jahren) brach ein grosser und langjähriger Krieg aus," und daran hat man sich zu halten, wenn man sich nicht willkürliches Verfahrens schuldig machen und eigene Vermuthungen anstatt der bestimmten Angaben der Quellen setzen will.

Lepsius hat die 15te und 16te Dynastie, als Repräsentanten der illegitimen Usurpation der Hirtenkönige ausser der Reihe der Manethonischen Reichsdynastien gesetzt. Ich habe dagegen die 15te Dynastie als Glied der chronologischen Kette aufgenommen, und folge hierin den Resultaten der neuesten Entdeckungen auf dem ägyptologischen Gebiete, wie sie von Mariette und Devéria in der Revue archéologique für 1861 und 1862 dargestellt worden sind. Mariette hat nämlich in Avaris, dem Centralpunkte der Hyksosherrschaft, nicht nur Statuen der Könige der 12ten Dynastie gefunden, die zeigen, dass die Hirtenkönige die Aegyptischen Kunstwerke der früheren Zeit zu schätzen wussten, sondern zugleich Sculpturarbeiten aus ihrer eigenen Zeit ausgegraben, die für sie zwar nach Aegyptischen Vorbildern, aber mit einer charakteristischen Aufnahme eines eigenthümlichen Semitischen Elementes ausgearbeitet worden sind, woraus hervorgeht, dass sich in der Hyksoszeit eine specifisch Aegyptisch-Semitische Kunstgattung aus der ursprünglich Aegyptischen Kunst herangebildet hat. Hieraus schliesst nun Mariette — und er spricht diesen

Gedanken mit voller Ueberzeugung aus — dass die Hyksos nicht die rohen und wilden Barbaren waren, wie sie, seiner Meinung nach, Manetho beschreibe. Er muss daher in diesem Punkte eine Nichtübereinstimmung zwischen Manetho und den Denkmälern statuiren. Indem wir dem ersten Theile des Schlusses vollständig beistimmen, können wir nicht umhin, den zweiten Theil als etwas voreilig anzunehmen; denn Uebereinstimmung lässt sich auf eine einfache Weise herstellen. Manetho erzählt nämlich bei Josephus:[1]

„Es wurde König der sogenannte Timaos. Unter ihm war die Gottheit, ich weiss nicht wie, Aegypten feindselig, und es brachen unerwartet aus den östlichen Gegenden Menschen unberühmten Stammes keck in das Land ein. Sie nehmen es leicht ein, und bemächtigten sich desselben ohne Kampf; die in demselben Regierenden machten sie sich unterthänig: dabei verbrannten sie die Städte, und zerstörten die Tempel der Götter. Alle Eingeborenen behandelten sie auf die feindseligste Weise: die Einen brachten sie um, Andere schleppten sie mit Weib und Kind in die Knechtschaft.

„Weiterhin machten sie auch Einen aus ihrer Mitte zum König, mit Namen Salatis. Dieser nahm seinen Sitz in Memphis, trieb von dem oberen und unteren Lande Zins ein, und legte Besatzungen in die dazu geeignetsten Orte. Vorzüglich befestigte er auch die östliche Gränze, indem er vorhersah, die damals in der Blüthe ihrer Macht stehenden Assyrer würden versuchen wollen, von hier aus in das Reich einzudringen. Im sethroitischen Nomos fand er eine dafür besonders geeignete Stadt, östlich vom bubastitischen Stromarme gelegen, und nach einer alten Göttergeschichte Avaris benannt. Diese nun baute er aus, befestigte sie mit starken Mauern, und siedelte in ihr auch eine Besatzung von etwa 240,000 Schwerbewaffneten an. Hierhin begab er sich im Sommer, sowohl um sie von Neuem mit Lebensmitteln zu versehen, und ihnen die Löhnung auszuzahlen, als auch um kriegerische Uebungen zu halten, und dadurch den Auswärtigen Furcht einzuflössen.

[1] Josephus c. Apion L 14.

„Er starb nach einer Regierung von 19 Jahren. Ihm folgte ein Anderer, welcher 44 Jahre herrschte, Namens Beon. Nach ihm regierte Apachnas 36 Jahre und 7 Monate: dann Apophis 61 Jahre: dann Junias 50 Jahre und 1 Monat. Nach allen diesen Assis 49 Jahre 2 Monate.

„Diese sechs waren ihre ersten Herrscher: sie führten beständig Krieg, und strebten danach, Aegypten immer mehr ganz auszurotten. Ihr ganzes Volk aber wurde Hyksos genannt, das heisst „Könige Hirten." Denn hyk bedeutet in der heiligen Sprache einen König, sôs aber heisst in gemeiner Mundart Hirt und Hirten. Einige sagen, es seien Araber gewesen."

Manetho erzählt hier von Zerstörungen und Grausamkeiten unter der Eroberung und in der nächsten Zeit nach derselben, während die weitere Schilderung den Uebergang zu Ordnung und gesetzmässigen Zuständen anzudeuten scheint. Meine oben gegebene Darstellung der Hyksoszeit ist in voller Uebereinstimmung mit der Manethonischen Erzählung. Bei der Eroberung stürzten die rohen Hyksos das Bestehende um; sie hatten, wie es scheint, damals noch keine eigentlichen Könige; und wenn sie sie auch gehabt hätten, würde Manetho sie nicht gleich im Anfange als legitim haben anerkennen können. Als solche treten uns aber die xoïtischen Könige der 14ten Dynastie entgegen, welche die Hyksos vielleicht als ihre vermittelnden und dienenden Unterkönige eingesetzt haben.

„Weiterhin," (πέρας) erzählt Manetho, „machten sie auch Einen aus ihrer Mitte zum König, mit Namen Salatis." Dies muss gleichzeitig mit dem Aufhören der 14ten Dynastie stattgefunden haben. Mit Salatis fing die Hyksosherrschaft in der 15ten Dynastie als eine legitime an. Dadurch nämlich, dass sie Einen aus ihrer Mitte auf die Aegyptische Weise zum König einsetzen konnten, durch Befestungen, durch selbsteigenes ohne Vermittelung der Unterkönige vorgenommenes Eintreiben der Zinsen, die wohl hier als gesetzlich festgestellte Abgaben aufgefasst werden müssen, consolidirten die Hyksos sich als Aegyptische Könige. Zu dieser Zeit war zugleich ihr Aegyptisiren so weit fortgeschritten, dass sie die Aegyptischen Kunstwerke schätzen, ja sogar eine eigene Aegyptisch-Semitische Kunstgattung ausbilden konnten, wie die in Auaris aufgefundenen Statuen andeuten. Mariettes Auffassung der Hirtenkönige, als ägyptisch civilisirter Herrscher, streitet demnach, wie er selbst glaubt, durchaus nicht wider Manethos Worte. Denn die Manethonische Schlussbemerkung, dass die Hyksos „danach strebten, Aegypten immer mehr ganz auszurotten," muss doch wohl als eine gehässige Charakteristik der Fremdenherrschaft aufgefasst werden, die uns in dem Munde des Aegyptischen Priesters nicht befremden kann, und die ausserdem nur im Allgemeinen ausgesprochen ist, ohne sich speciell auf die letzte Zeit zu beziehen; auf die erste Zeit der Hirtenherrschaft passt sie ja, wie wir gesehen haben, recht gut.

Indem somit meine Ansicht dieser Verhältnisse einerseits eine zufriedenstellende und mit den Manethonischen Worten übereinstimmende Erklärung der Erscheinung giebt, dass sich Aegyptische Kunstwerke in Auaris befinden, enthält sie zugleich einen Grund, die 15te Dynastie als eine Reichsdynastie aufzuführen. Es würde in der That ein allzu ungereimtes und hartnäckiges Festhalten des Legitimitätsprincipes sein, wenn eine Herrschaft, die mehr als ein halbes Jahrtausend factisch bestanden hatte, nicht als legitim anerkannt worden wäre, nachdem sie so ägyptisirt worden war, wie das Hyksosregiment.

Hiezu kann noch ein directer Beweis gefügt werden, der unumstösslich sein würde, wenn er nur auf gewissen Vordersätzen fusste. Da indessen dies nicht der Fall ist, so nehmen wir ihn bloss als Wahrscheinlichkeitsbeweis hin.

Devéria hat in der Revue archéologique für 1861 mitgetheilt, dass er in dem 112ten Fragmente des Turiner-Königspapyrus drei der sechs Namen der Hirtenkönige, die in der 15ten Dynastie von Manetho mit Namen angegeben worden sind, glaube wiedergefunden zu haben. Wäre dies gewiss, so würde wohl kein Zweifel sein, dass diese Hirtendynastie auch in die Reihe der Reichsdynastien aufzunehmen wäre; denn findet sie sich in jenem hieratischen Papyrus, in dem die Aegyptischen Priester wahrscheinlich nur die fortlaufende Königsreihe aufgezeichnet haben, so war sie von ihnen als legitim anerkannt worden, und der Schluss liegt sehr nahe, dass Manetho sie dann auch als legitim anerkannt habe. Obgleich aber sowohl Devéria und Mariette, als auch, wie es scheint, de Rougé die Namensidentität als evident betrachten, lässt sie sich doch strenge genommen nicht beweisen. Das Fragment 112 enthält nämlich Bruchstücke dreier Königsnamen, deren erstes drei, das zweite zwei und das dritte drei leserliche Zeichen haben. In dem letzten glaubt man die auch anderswo vorkommende Legende Apepi wiederzuerkennen, welcher Name dem von Manetho angeführten Hyksosnamen Apophis entspricht; die drei Zeichen sind nämlich das A, ein Mensch mit dem Finger am Munde und der Anfang des P, und da dieser für den Namen Apepi eigenthümliche Anfang nicht in irgend einer anderen bisher bekannten Schildlegende vorkommt, so ist es in der That höchst wahrscheinlich, dass wir hier wirklich den Hyksosnamen Apepi haben. Da man indessen auf dem ägyptologischen Gebiete dadurch allzu oft getäuscht worden ist, dass man etwas als sicher angenommen hat, was sich nachher als falsch erwiesen hat, so ist es wohl am vorsichtigsten, dies nur als einen Wahrscheinlichkeitsbeweis meiner Aufführung der 15ten Dynastie als einer Reichsdynastie anzusehen, und dies um so mehr, als es ja möglich wäre, dass auch der Königspapyrus, wie offenbar Manetho, die gleichzeitigen Dynastien neben den Reichsdynastien angebe.

Noch ein anderer Umstand scheint für meine Annahme zu sprechen, dieser nämlich, dass Manetho in der 15ten Dynastie die sechs Könige, aus denen sie besteht, mit Namen aufgeführt hat. Er hat sonst oft, wahrscheinlich bei den Dynastien, die ihm weniger wichtig schienen, nur die Anzahl der Könige und die Summe der Regierungsjahre überliefert; wenn er hier zugleich die Namen der einzelnen Könige giebt, so kommt es vielleicht daher, dass sie für ihn eine grössere Bedeutung hatten, und darf diese nicht darin gesucht werden, dass er sie als legitim betrachtete? Dass Lepsius übrigens einen Fehler durch das Ausstossen der 284 Jahre der 15ten Dynastie aus der Zeitreihe begangen hat, scheint zugleich daraus hervorzugehen, dass er, um den dadurch offen gebliebenen Zeitraum auszufüllen, der 14ten Dynastie 484 Jahre anstatt 184, die Africanus hat, geben muss. Irgend ein Grund für die Richtigkeit der 484 Jahre kann nicht in dem Umstande gesucht werden, dass 184 Jahre eine zu kurze Regierungszeit für 76 Könige seien; denn es muss vermuthet werden, dass die Hirten ängstlich wegen der Macht ihrer Unterkönige durch häufige Ab- und Einsetzungen dafür gesorgt haben, dass jeder Einzelne seine Macht nur kurze Zeit behielt.

Ehe ich diesen Punkt verlasse, will ich darauf aufmerksam machen, dass meine absolute Zeitbestimmung der Hirtenherrschaft in Aegypten beinahe dieselbe ist, wie die des Lepsius, ungeachtet ich sie auf eine ganz andere Weise, als er, berechnet habe. Nach meiner Dynastienanordnung haben die Hyksos vom Jahre 2108 bis 1598 vor Chr., nach der des Lepsius vom Jahre 2101 bis 1591 vor Chr. über Aegypten geherrscht. Da man keinen synchronistischen Grund gegen die Bestimmung Lepsius' einzuwenden gehabt hat, kann folglich auch die meinige kein Bedenken erregen. Lepsius hat übrigens Alles, was hier in Betracht kommen kann, ziemlich vollständig untersucht.

Der 18ten Dynastie giebt Lepsius 148 Jahre anstatt der von Africanus überlieferten 259 Jahre. Wie wir so eben gesehen haben, ist sein Grund dieser, dass er in der 18ten Dynastie des Africanus eine Verschmelzung der ursprünglichen 17ten, 18ten und eines Theiles der 19ten Dynastie Manethos sieht, und daher wieder die 17te Dynastie durch Aussondern der fünf ersten Könige der 18ten Dynastie, wie sie in der Josephischen Redaction überliefert ist, von der Verbindung auszuscheiden sucht, welche er dann als die wahre 17te Dynastie statt der des Africanus einschiebt. Die 18te Dynastie des Africanus wird auf diese Weise ihrer fünf ersten Könige beraubt, und da sie zugleich ein Paar der letzten Könige an die sogenannte ächt-Manethonische 19te Dynastie abgeben muss, so ist es natürlich, dass ihre Regierungszeit bedeutend verkürzt wird. Durch diese, wie es scheint, willkürliche Behandlung bekommt Lepsius die folgenden Bestimmungen:

Die Vertreibung der Hirten aus Aegypten fand Statt im Jahre
1591 vor Chr.

Die 18te Dynastie regierte 148 Jahre
— 19te — — 174 — 322 Jahre,
also hörte die 19te Dynastie im Jahre 1269 vor Chr.
zu regieren auf, indem die 93 Jahre der 17ten Dynastie vor dem Jahre 1591 v. Ch. eingeschoben worden sind.

Africanus giebt dagegen folgende Zeitbestimmungen:

Die Vertreibung der Hirten fand Statt im Jahre 1598 vor Chr.

Die 17te Dynastie regierte (151—43) 108 Jahre
— 18te — — . . . 259 —
— 19te -- — . . . 209 — 576 Jahre,
also hörte die 19te Dynastie im Jahre 1022 vor Chr.
zu regieren auf, indem wir dem vorher Entwickelten zufolge die 108 Jahre der 17ten Dynastie nach dem Jahre 1598 vor Chr. einsetzen. Wenn wir die Bestimmungen Lepsius' mit den Angaben des Africanischen Manetho vergleichen, finden wir demnach, dass er das Schlussjahr der 19ten Dynastie allzu früh gesetzt hat. Zu demselben Resultate sind wir schon oben[1] gekommen durch Vergleichung der Zeitbestimmungen Lepsius' mit denen, die aus dem Elephantinefragmente und der Menophres Aere hervorgehen. Es ist schon an und für sich klar, dass es unrichtig ist, von den Manethonischen Listen abzuweichen, und dass sich der dadurch begangene Fehler an sich selbst rächen wird; wenn nun aber ausserdem die monumentalen Zeitbestimmungen, die von den Manethonischen ganz unabhängig sind, Lepsius desselben Fehlers überführen, wie diese, so kann wohl kein Zweifel mehr sein, dass er ihn in der That begangen hat. Lepsius kann die zwei von einander unabhängigen Quellengruppen nicht in Uebereinstimmung mit einander bringen, ohne bedenkliche Aenderungen in allen beiden zu machen, was einen entscheidenden Beweis der Unrichtigkeit seines Systems abgiebt, da sie, wie später gezeigt werden wird, vollkommen mit einander stimmen, wenn man sie nur unverändert aufnimmt. Lepsius hat das Schlussjahr der 19ten

[1] Siehe S. 45.

Dynastie mehr als 200 Jahre zu früh gesetzt; dies rächt sich, wie man erwarten muss, bald an ihm, und er sieht sich nun genöthigt auch in den folgenden Dynastien Aenderungen zu machen, um den offenen Raum auszufüllen. Dies ist der Grund, warum wir in der 20sten und 21sten Dynastie grössere Zahlen finden als die, welche Africanus hat, und warum die 22ste Dynastie in die Reihe der Reichsdynastien eingesetzt worden ist.

Die 22ste Dynastie. Es ist vermuthlich aus dem eben angegebenen Grunde, dass Lepsius die 22ste Dynastie als legitim betrachtet hat. An der Richtigkeit dieser Auffassung hat man bisher nicht gezweifelt, was jedoch wunderbar genug ist, da der Zweifel sehr nahe liegt. Lepsius hat mehrmals das strenge Festhalten Manethos und seiner Quellen, der Aegyptischen Annalen, an dem Legitimitätsprincipe hervorgehoben, und glaubt, dass sie aus diesem Grunde jede fremde Dynastie als illegitim von der Reihe der Reichsdynastien ausgeschlossen haben. In Uebereinstimmung damit hat er die Hirtendynastien, wie die Aethiopische und die Persische Dynastie ausserhalb der legitimen Reihe gestellt. Wiewohl wir schon oben bei der 15ten Dynastie die Unwahrscheinlichkeit hervorgehoben haben, dass die Priester solch eine doctrinäre Hartnäckigkeit der zwingenden Macht der concreten Verhältnisse zum Trotz haben festhalten können, und obwohl wir im Allgemeinen dagegen protestiren müssen, dass man von unbewiesenen Thatsachen allgemeingültige Regeln als unfehlbar abstrahirt, und folglich ins Besondere gegen das von Lepsius in dieser Beziehung aufgestellte Gesetz: so können wir doch mit vollem Rechte daraus Argumente gegen ihn hernehmen, wenn es sich zeigt, dass er von der von ihm selbst aufgestellten Regel abgewichen ist. Dadurch wird der innere Widerspruch in seinem Systeme zur Anschauung gebracht, und dies ist nothwendig, um ihn auszugleichen zu können. Nun führt Lepsius die 22ste Dynastie als eine legitime auf, obwohl kaum ein Zweifel sein kann, dass sie eine fremde ist. Alle Königsnamen dieser Dynastie sind chaldäisch: Sesonchis ist der biblische Name Sisak, Osorkon ruft den Assyrischen Königsnamen Sargon ins Gedächtniss zurück,

Takelothis findet sich in dem bekannten Namen Tiglat-Pilesar wieder, und in ihrem Geschlechtsregister kommt kaum ein einziger Aegyptischer Männer- oder Frauenname vor. Brugsch sagt, nachdem er die Stammtafel dieser Dynastie mitgetheilt hat:[1] Il est bien remarquable que les noms propres des ancêtres du fondateur de la dynastie bubastite, Sésonchis, n'appartiennent pas, peut-être à l'exception d'un seul, à la langue égyptienne. Ils nous font reconnaître des racines originaires d'une langue étrangère, que je suppose être la même que celle qui fut parlée par le peuple appelé, dans les inscriptions égyptiennes, Rotennou. J'espère de pouvoir prouver un jour que cette langue n'est point différente de la langue ancienne chaldéenne d'où une grande foule de mots se sont sauvés et conservés dans l'égyptien même. Le nom de Nimrod, porté premièrement par le fondateur du royaume babylonien, en est l'exemple le plus éclatant. Ce nom-là se répète plusieurs fois pour quelques membres de la famille de Sésonchis Ier. Nebonesa[2] représente, dans sa première partie, la racine chaldéenne Nebo-, avec le sens de Dieu, surtout du dieu planétaire Mercure, si fréquent dans la composition de noms propres, comme, par exemple, Nebu-cadnezar, Nabo-nedus, Nabonassar et d'autres.

Es unterliegt demnach keinem Zweifel, dass die 22ste Dynastie von assyrischem Ursprunge war. Lepsius läugnet dies auch nicht ab; er äussert sich aber hierüber so:[1] „Mir scheinen die offenbar unägyptischen Namen der Bubastidischen Dynastie nichts weiter zu beweisen, als dass Sesonk I, ihr Haupt, aus einer ursprünglich Asiatischen, wahrscheinlich Semitischen, in Bubastis eingebürgerten Familie hervorgegangen war." Weiter unten sagt er: „Wir müssen uns die Bevölkerung des Delta, und namentlich seines östlichen Theiles, welcher an Asien grenzte, gewiss in Bezug auf ihre Namen sehr gemischt denken. Die grösstentheils

---

[1] Histoire d'Égypte S. 220.
[2] Dieser Name kommt auch in der Stammtafel vor.
[3] Abhandlungen der Akademie der Wissenschaften zu Berlin 1856. Phil. u. hist. Abh. S. 285 u. figg.

noch unerklärten Namen der Söhne von Mizraïm deuten auf eben so viele verschiedene meist im Delta wohnende oder von da ausgegangene Stämme, welche schwerlich alle zu dem eigentlichen Volksstamme der Aegypter gehören konnten, sondern dazu gezählt wurden im Sinne des Orakels, welches alle die Aegypter nannte, welche am Nile wohnten und aus ihm tranken . . . . . Es kann uns daher nicht Wunder nehmen, wenn ein Mann von ausländischem Stamme, aus Bubastis gebürtig, sich zu einer solchen Stellung im Staate aufschwingt, dass er endlich sogar den Thron besteigt, und die Namen seiner Familie in Königsringe schreibt."

Wenn man sich aber auch das Verhältniss auf diese Weise denkt, und nicht vielmehr annehmen will, dass ein Zweig der Familie des Assyrischen Nimrod, sich auf den Semitischen Bestandtheil der Deltabevölkerung stützend, in Aegypten eine Filialabtheilung des mächtigen Assyrischen Reiches gegründet habe: so bezeugen jedenfalls die ächtsemitischen Namen deutlich genug, dass wir hier keine ägyptisirte Semitische Familie haben. Die 22ste Dynastie trägt an ihrer Stirn ein so deutliches Gepräge ihrer fremden Herkunft, dass Manetho sie, zufolge der von Lepsius aufgestellten Regel, als eine illegitime hat ansehen müssen. Folglich sollte es auch Lepsius gethan haben. Da wir indessen nicht die absolute Gültigkeit dieser doctrinären Regel anerkennen können, ist uns auf unserem Standpunkte kein entscheidendes Argument für das Ausstossen der 22sten Dynastie von ihr herzunehmen. Für uns müssen andere Gründe entscheiden. Diese werden wir jetzt betrachten.

Die Aegyptischen Denkmäler geben uns ziemlich unzweideutige Zeugnisse, dass die 22ste Dynastie gleichzeitig jedenfalls mit der 21sten und, wie ich glaube, mit der 23sten Dynastie regierte. In der Inschrift einer Statue des Nilgottes Hapi im Brittischen Museum wird nämlich ein König Osorkon erwähnt, den ich für identisch mit Osorkon dem 2ten in der 22sten Dynastie halte, und der vielleicht derselbe ist wie Osorkon, der 2te König der 23sten Dynastie. Diese Statue giebt folgende Genealogie:

Die gleichzeitigen Dynastien. Die 22ste Dynastie. 81

König Mi-amen Hor-p-siou-n-san.
    |
Tochter Ra-ka-ma-t — König Mi-amen Osorkon.
          |
    Mi-amen Sesonk, Herr des obern und untern Landes.

Der König Mi-amen Hor-p-siou-n-san ist identisch mit Psousennes II, dem letzten König der 21sten Manethonischen Dynastie; darin stimmen Alle überein.[1] Wer der König Miamen Osorkon ist, darüber ist man dagegen nicht einig geworden. Lepsius glaubt,[2] dass der Osorkon der Nilstatue kein anderer als Osorkon I sei. Da aber Psousennes II durch den Zusatz ti-anch als noch lebend angegeben wird, so würde er, wenn diese Meinung Lepsius' wahr wäre, nicht allein gleichzeitig mit Sesonk I, dem Vater des Osorkon I, sondern auch eine Zeit lang neben Osorkon I regiert haben, was gegen Lepsius' eigene Anordnung streitet. Denn wir können diesen Zusatz nicht übersehen, wie Lepsius in diesem einzelnen Falle ausnahmsweise thut. Da ausserdem der Sohn Mi-amen Sesonk Herr des obern und untern Landes genannt wird, und sein Name zugleich in ein Königsschild eingeschlossen ist, wodurch er auf eine ziemlich deutliche Weise als König bezeichnet wird, so kann er kaum der Sohn Osorkons I sein, da diesem sein Sohn Takelothis I in der Regierung folgte. Brugsch dagegen nimmt an[3] — ohne Lepsius' Bestimmung zu erwähnen — dass der Osorkon der Nilstatue identisch mit dem fünften Könige der 21sten Dynastie desselben Namens, und Einer der Vorgänger Sesonks I sei. Diese Meinung verträgt sich indessen durchaus nicht mit der genealogischen Tafel der 22sten Dynastie, die sich in der von Mariette aufgefundenen und mit No. 1959 bezeichneten Stele des Serapeums findet. Wenigstens trägt keiner der Vorältern Sesonks I den Namen Osorkon; sein Grossvater heisst zwar Sesonk, aber dieser war nicht Sohn eines Osorkon, sondern eines P-tut. Und eine Seitenlinie der Bubastidischen Familie aufwärts von Sesonk I kennt man nicht.

[1] Brugsch hat zwar später (Hist. d'Égypte S. 214) seine frühere Meinung geändert, aber wohl mit Unrecht.
[2] Abhandl. der Akad. wie oben S. 282. [3] Hist. d'Égypte S. 222.

Indem also bestimmte Thatsachen den Meinungen Lepsius' und Brugschs widerstreiten, scheint alles sich recht gut mit meiner Meinung zu vertragen, dass der Osorkon der Nilstatue identisch mit Osorkon II der 22sten Dynastie ist. Osorkon II hat einen, vielleicht zwei Söhne mit dem Namen Sesonk, sein königlicher Nachfolger und Sohn war Sesonk II; seine Frau, mit der er den König Sesonk II zeugte, hiess Karama, welcher Name unzweifelhaft identisch ist mit Rakama, in welcher Form nur das phonetische Zeichen der Sonne Ra aus Courtoisie gegen die Aussprache vorangestellt ist.

Wir glauben demnach mit Recht annehmen zu können, dass der Schwiegersohn des Psousennes Osorkon II ist. Daraus folgt aber mit Nothwendigkeit, dass die ganze Regierung der drei königlichen Vorgänger Osorkons des 2ten von der Bubastidischen Dynastie und ein Theil seiner eigenen Regierung gleichzeitig war mit der Regierung Psousennes' II und der der Vorgänger desselben von der 21sten Dynastie. Durch diese Annahme erhält man auch eine leichte Erklärung des sonderbaren Umstandes, dass sich unter den einheimischen Königsnamen der 21sten und 23sten Dynastie der fremde Name Osorchon findet. Neben der legitimen, aber schwachen 21sten und 23sten Dynastie regierte die illegitime, aber mächtige 22ste Dynastie. Die zwei legitimen Dynastien wurden, jede einmal, von den fremden Gewaltherrschern überwältigt und unterbrochen, und Manetho musste daher, um die Königsreihe auszufüllen, zweimal einen König von der 22sten illegitimen Dynastie in den leeren Raum einsetzen. Der Osorchon der 21sten Dynastie ist daher wohl Osorchon I und der Osorchon der 23sten Dynastie Osorchon II der Bubastidischen Dynastie.[1]

Wenn man also, den Aegyptischen Denkmälern zufolge, annehmen darf und muss, dass die 22ste Dynastie eine mit der 21sten und 23sten gleichzeitige ist, so kann es keinem Zweifel

---

[1] Da Osorchon der 2te, nach einer Apisstele von dem 28sten Regierungsjahre des Sesonchis III, ein hohes Alter erreichte, kann er recht wohl der Schwiegersohn des Psousennes II und der Osorchon der 23sten Dynastie sein.

unterliegen, welche der Dynastien von Manetho in die Zeitreihe eingetragen worden ist.

Indem ich also die 22ste Dynastie als eine Nebendynastie ausstosse, will ich noch eine Bemerkung, die jedoch von keinem grossen Belange ist, hinzufügen. Bei dieser Dynastie giebt Manetho nur drei Könige mit Namen an; die übrigen dagegen werden gruppenweise nur mit Zahlenangaben der Könige und Regierungsjahre angeführt; hiedurch scheint er angedeutet zu haben, dass die Bubastidische Dynastie ihm von weniger Bedeutung war.

Man sieht, dass ich die 22ste Dynastie ausgestossen habe, nicht einzig und allein weil sie eine fremde war, sondern weil Manetho neben ihr eine einheimische aufgeführt hat. Dagegen nahm ich oben, wie man sich vielleicht erinnern wird, die 15te Dynastie als eine legitime in die Zeitreihe auf, obgleich sie eine fremde war; der Grund aber war theils der, dass man annehmen musste, dass sie unter ihrer langwierigen Herrschaft über Aegypten aegyptisirt worden sei, theils und besonders der, dass Manetho neben ihr keine Dynastie angegeben hatte, die von dem Memphitischen Legitimitätsstandpunkte aus der 15ten Dynastie vorzuziehen war. Die Regel, der ich in diesem Punkte folge, ist also in so fern verschieden von der des Lepsius, dass ich eine Dynastie nicht einzig und allein darum, dass sie eine fremde ist, von der Zeitreihe ausscheide, sondern nur, wenn Manetho zugleich neben der fremden eine Aegyptische Dynastie angeführt hat, die auf Memphitischem Standpunkte als eine legitime betrachtet werden musste. Die auf diese Weise modificirte Regel leistet den Forderungen der concreten Verhältnisse Genüge, und sie wird hier erwähnt, weil wir ihrer später bedürfen werden.

Ich stosse mit Lepsius die 25ste Dynastie als eine mit der 23sten, 24sten und 26sten Dynastie gleichzeitig regierende Aethiopische aus. Dagegen hat Lepsius die 27ste Dynastie, welche die Persischen Könige umfasst, mit Unrecht ausgestosssn, da Manetho keine mit ihr gleichzeitig regierende einheimische Dynastie angegeben hat. Zwar hat Lepsius eine solche zu Stande gebracht, indem er fünf Könige von verschiedenen Stellen zusammengelesen hat, um aus ihnen eine Dynastie, die 28ste, zu bilden. Einen König Chebas nimmt er von einer Apisstele her, die Mariette aufgefunden hat; einen Pausiris giebt ihm Herodot, der erzählt, dass dieser von den Persern als Unterkönig auf den Thron seines Vaters eingesetzt wurde; einen Psametichos IV verschafft Diodor ihm; einen Amyrtäus I holt er sich von dem fabelnden Ktesias, der erzählt, dass Kambyses nach der Eroberung von Aegypten einen König Amyrtäus mit 6000 Aegyptern nach Susa schickte, was indessen nicht mit dem Berichte Herodots stimmt, nach welchem ein Sohn Amasis', Psamenit, von Kambyses besiegt wurde; ein zweiter Amyrtäus ist der bekannte König dieses Namens, der unter Artaxerxes Longimanus Aufruhr gegen die Perser machte. Von diesen Elementen bildet Lepsius die 28ste Dynastie folgendermassen:

  Amyrtäus I. (?)
  Chebas.
  Amyrtäus II.
  Pausiris.
  Psametichos IV.

5 Saiten zusammen 127 Jahre von 525-399 vor Chr.

Aber von allem dem findet sich Nichts bei Manetho; denn er sagt nur, dass die 28ste Dynastie aus einem Könige bestand, dem Amyrtäus nämlich, der unter Artaxerxes Mnemon 6 Jahre über Aegypten regierte. Zwar sagt Lepsius, nachdem er den Begriff, den Manetho mit dem Worte Dynastie verbunden haben sollte, zu bestimmen versucht hatte, dass dieser Begriff „den Fall, dass ein einzelner noch dazu so kurze Zeit regierender König den Abschnitt einer ganzen Dynastie gerechtfertigt haben sollte, so gut wie ausschliesst;" aber es kann wohl hier die Frage sein, ob Lepsius nicht wieder dem Manetho eine Regel beigelegt hat, die ihm fremd war; denn bei Manetho besteht nicht nur die 28ste, sondern auch die 24ste Dynastie bloss aus einem Könige, welcher letztere ebenfalls 6 Jahre regierte. Bei den Alten bezeichnete δυναστεία, wie Lepsius selbst richtig sagt, im Allgemeinen nur

„Herrschaft," nicht eine Regentenfolge ein und derselben Familie, was wir mit dem Worte Dynastie verstehen; es kann daher im alten Sinne des Wortes ebenso gut von einem als von mehreren Königen gebraucht worden sein, wenn der Eine in der Reihe einzeln stand. Es scheint folglich, dass der von Lepsius bestimmte Begriff des Wortes Dynastie dem Manetho wirklich fremd war. Wie dies aber auch sei, jedenfalls kann man sagen, dass es sehr bedenklich ist, zuerst Manetho eine Regel beizulegen, die er möglicherweise, ja wahrscheinlich nicht gekannt hat, und nachher seine Angaben nach dieser Regel zu ändern.

Wir nehmen also die Manethonische Angabe unverändert auf, und nach dieser bildet ein Amyrtäus die 28ste Dynastie. Dieser von Manetho aufgeführte König kann der Zeit wegen keiner der zwei Könige dieses Namens sein, die Lepsius in seine 28ste Dynastie eingetragen hat. Die ganze 28ste Dynastie mit 5 Königen und 127 Regierungsjahren ist demnach von Lepsius vollständig gebildet und, anstatt des einen Königs mit 6 Regierungsjahren, den Manetho hat, in der Zeitreihe aufgeführt worden. Obwohl jedenfalls die Ktesianische Quelle ziemlich problematisch ist, so ist es jedoch nicht unmöglich, dass jene fünf Könige wirklich gelebt haben, und in diesem Falle stände ja, wenn sie auch regiert hätten, eigentlich nichts dagegen, dass Manetho aus ihnen eine mit den Persern gleichzeitige Dynastie hätte bilden können. Er hat es aber nun einmal nicht gethan, und mit Recht, wie es scheint; denn er würde in der That gegen jede vernünftige Anordnung gesündigt haben, wenn er z. B. einen König, der, wie Amyrtäus I, gleich im Anfange seiner Regierung besiegt und nach Susa geschickt wurde, in der Zeitreihe anstatt des wirklich regierenden Kambyses aufgeführt hätte. Da Manetho es nicht gethan hat, so ist nicht abzusehen, warum man einige zweifelhafte und machtlose Könige, um eines selbstgemachten Legitimitätsprincipes willen, den concreten Verhältnissen zum Trotz heranziehen soll. Auf die Zeitbestimmung hat dies indessen keinen Einfluss, da Lepsius der von ihm gebildeten Dynastie eben so viele Jahre gegeben hat, wie den Persern und Amyrtäus zusammen, nämlich 121 + 6 = 127 Jahre, indem er die Persische Dynastie unrichtig mit 121 statt 124 Jahre aufführt.

Ich nehme also in Uebereinstimmung mit Manetho die 27ste Dynastie in die Reihe der Reichsdynastien auf, was auch am Besten mit den wirklichen Verhältnissen stimmt, da die Perser factisch über ganz Aegypten herrschten.

Wir gingen im Anfange dieses Abschnittes[1] von der Hypothese aus, dass Manetho einige der 30 Dynastien als gleichzeitig betrachtet habe. Indem wir darauf durch Ausstossen einiger Dynastien für die übriggebliebenen Reichsdynastien eine Summe von 3555 Regierungsjahren fanden, die in einer anderen Stelle von Manetho als Zeitraum für das Bestehen des Aegyptischen Reiches angegeben werden, so war dadurch anstatt einer Hypothese ein in den Königslisten selbst liegendes Kriterium ihrer richtigen Benutzung gewonnen worden. Endlich, da wir nun zugleich gesehen haben, dass die ausgestossenen Dynastien ausgestossen wurden, nicht um jene Uebereinstimmung hervorzubringen, — denn dann wäre die ganze Operation nur ein Rechenstück — sondern weil die Aegyptischen Denkmäler und andere Gründe es nothwendig machten, gerade jene und keine anderen Dynastien auszuscheiden: so darf man es wohl für ausgemacht halten, nicht nur dass die Listen richtig benutzt worden sind, sondern dass sie auch an und für sich absolute Gültigkeit haben. Der letzte und entscheidende Beweis wird in dem folgenden Abschnitte geliefert werden, wodurch ich hoffe, als letztes Resultat eine auf fester Basis gegründete Aegyptische Chronologie aufstellen, und zugleich den Werth des so oft vernachlässigten und durch Correctionen verunstalteten Manetho beweisen zu können.

Die absoluten Zeitbestimmungen des Manetho und der Aegyptischen Denkmäler.

In Bezug auf die ersten Dynastien, von der 1sten bis zur 11ten, haben wir nur wenig zu dem, was oben gesagt worden ist, hinzuzufügen. Die Denkmäler der ältesten Zeit sind sehr selten.

[1] Siehe oben S. 54.

und die Königsnamen und Zeitbestimmungen, welche sie geben, sind in allzu geringer Zahl vorhanden, um eine einigermassen vollständige Vergleichung mit Manethos Listen anstellen zu können. Von dem hieratischen Königspapyrus ist indessen ein die 4te und 5te Dynastie betreffendes ziemlich vollständiges Fragment übrig, welches wir hier nach Brugsch[1] aufnehmen wollen, weil es sowohl Manethos Werth bezeugt, als uns auch einen Einblick gewährt in die Weise, die Manetho in der Abfassung der Listen befolgt hat.

	Turiner Papyrus.	Manethos Liste.
		IV. Dynastie.
1.	(war die zerstörte Summe der Regierungsjahre eines Königs zu der der vorangegangenen Könige hinzugefügt).	
2.	. . . . . Jahre 6 Mon. x Tage x	
3.	. . . . . Jahre 6 — x — x	
4.	König d. Grosse J. 24 — 1 — x	Mencheres Jahre 63
5.	. . . . . Jah. 24 — x — x	Ratoises . . — 25
6.	König . . — 23 — x — x	Bicheris . . — 22
7.	König . . — 8 — x — x	Sebercheres. — 7
8.	König . . — x — x — x	Tamphthis . — 9
9.	König . . — x — x — x	
		V. Dynastie.
10.	König . . $-{10 \atop 20}\}+8-$ x — x	Usercheres. — 28
11.	König . . — 4 — x — x	
12.	König . . — 2 — x — x } 13	Sephres . — 13
13.	König — ka — 7 — x — x	
14.	König . . — 12 — x — x	
15.	König (war die zerstörte Summe der Regierungsjahre dieses Königs den vorangehenden Regierungsjahren hinzugefügt).	Nephercheres — 20
16.	König . . — 7 — x — x	Sisires . . — 7
17.	König . . — x — x — x	Cheres . . — 20
18.	. . . . . — 10 (20? 30?) +1+ x	Rathures. . — 44

[1] Hist. d'Égypte S. 20 und Geographische Inschriften I. 44, die Note.

19. König Men-ka-Hor Jahre 8 Mon. x Tage x Mencheres Jahre 9
20. König Ded . . . — 28 — x — x Tatcheres — 44
21. König Unas . . — 30 — 1 — x Onnos . — 33
22. (war die Summe aller Könige von Mena an bis zu Unas angegeben).

Wir sehen, dass die Uebereinstimmung ziemlich gross ist. Der Unterschied von 1 Jahr, der ein Paar Mal wiederkehrt, kommt wahrscheinlich daher, dass die überschüssigen Monate in den zwei Quellen verschieden vertheilt worden sind. Der grosse Unterschied, der sich bei den letzten Königen findet, wird nicht so bedenklich, wenn man sich nur erinnert, dass die Manethonischen Listen von Memphitischen Quellen, der Papyrus aber wahrscheinlich von Thebanischen herrühren. In den zwei Quellen ging man nicht von demselben Legitimitätsprincipe aus, und die verschiedene Auffassung in dieser Beziehung musste in mehreren Fällen eine verschiedene Königs- und Jahresreihe herbeiführen.

Es erhellt übrigens aus dieser Vergleichung, dass Manetho bisweilen einen König hie und da ausgelassen, die Regierungsjahre desselben aber dem stellvertretenden Könige zugeschrieben hat. Etwas Aenliches ist vielleicht auch mit den zwei letztgenannten Königen geschehen, wodurch sie bei Manetho mehr Regierungsjahre als in dem hieratischen Papyrus bekommen haben. Hierüber kann man nur Vermuthungen aufstellen, solange man nicht den Papyrus vollständig hat. Wäre dies der Fall, und könnte man eine vollständige Vergleichung machen, so würde man wahrscheinlich sowohl die Thebanischen als die Memphitischen Quellen richtig finden, auch da, wo sie sich jetzt widerstreiten, wenn man sich auf den verschiedenen Standpunkt stellte, von dem sie abgefasst worden sind. Jedenfalls müssen wir bestimmt dagegen protestiren, dass man Manetho überall, wo er nicht mit dem Königspapyrus stimmt, augenblicklich als fehlerhaft nach diesem ändert. Erinnern wir uns der Dynastienliste der Bourbonen in ihrem Verhältnisse zu der factischen Herrscherreihe; in jener haben wir Ludwig den 16ten, den 17ten, den 18ten und Carl den 10ten als aufeinanderfolgende Könige gegenüber der factischen Reihe, Ludwig dem 16ten, der Revolution, Napoleon, Ludwig dem 18ten und Carl dem 10ten; in jener werden die Regierungsjahre Ludwigs des 18ten von 1795 bis 1824, in dieser von 1814 oder 1815 bis 1824 angegeben; wenn man nun die 29 Regierungsjahre Ludwigs des 18ten aus der Liste der Bourbonen in die factische Reihe einsetzte, so würde diese unrichtig werden, während die beiden Reihen, jede für sich, richtig sind. In den Manethonischen Listen haben wir eine nach bestimmtem Legitimitätsprincipe gegliederte chronologische Kette; wenn sie uns durch die Zeiten richtig führt, so müssen wir uns an sie halten, und nicht ohne weiters Glieder, die unrichtig scheinen, ausstossen, um statt ihrer Glieder aus einer anderen Kette einzusetzen, die wahrscheinlich nicht in die neue passen. Es folgt indessen von selbst, dass wir überall, wo es thunlich ist, das Verhältniss zwischen den zwei grundsätzlich verschiedenen Quellen anzuzeigen suchen, da wir dadurch allein eine vollständige Uebersicht der ganzen Aegyptishen Geschichte bekommen können; wir dürfen aber nicht den einzigen chronologischen Führer, der uns überall leitet, verlassen, um Einem zu folgen, der nur einen Punkt hie und da anzeigen kann. Dass man früher geglaubt hat, öfters von Manetho abweichen zu müssen, war eine natürliche Folge davon, dass man in seinen Angaben keine Einheit und Harmonie finden konnte; jetzt aber, da wir gesehen haben, dass er mit sich selbst stimmt und uns hindurchführen kann, ist es dagegen ganz natürlich, dass wir uns strenge an ihn halten. Für die eilf ersten Dynastien können die Denkmäler keine zusammenhangenden Zeitbestimmungen abgeben; die innere Wahrheit der Manethonischen Listen muss hier anstatt jedes directen Beweises treten. Dies sei gesagt in Bezug auf die Memphitischen Reichsdynastien.

Was die gleichzeitigen Dynastien, die 9te, 10te und 11te betrifft, sind einige Bemerkungen nothwendig.

Die Abydostafel giebt eine Reihe von 32 Königen vor der 12ten Dynastie an, von welchen Namen 13 leserlich sind. Brugsch nimmt an,[1] dass wir hier die von Manetho angegebenen Herakleo-

---

[1] Hist. d'Égypte S. 50.

politischen Dynastien, 9te und 10te, und die Thebanische 11te Dynastie haben. Nun findet sich in der Karnaktafel auf der linken Seite eine Reihe von Königen vor der 12ten Dynastie, welche den Königen der Abydostafel zu entsprechen scheinen. Viermal, No. 23, 10, 11 und 13 kehrt der Antef-Name wieder, und in No. 12 haben wir offenbar den Namen Mentuhotep. Diese gehören unzweifelhaft den Familien Antef und Mentuhotep zu, welche die 11te Dynastie bildeten. Die vorangehenden Könige Pepi unter No. 15 und Snefru unter No. 2 können vielleicht mit Pepi-sneb unter No. 25 und Snefer-ka unter No. 21 in der Abydostafel verglichen werden, und in diesem Falle gehören sie der 10ten, nicht, wie gewöhnlich angenommen, der 6ten Dynastie an, wobei man diesen Pepi als verschieden von dem bekannten Könige Pepi der 6ten Dynastie setzen muss. Etwas Bestimmtes lässt sich indessen in dieser Beziehung nicht sagen, da die zur Vergleichung angenommenen Reihen allzu unvollständig überliefert worden sind, um eine durchgeführte Vergleichung anstellen zu können. Hiezu kommt, dass No. 4 und 5 in der Karnaktafel Familiennamen zu sein scheinen, während die Abydostafel officielle Königsnamen hat. Eine Vermuthung ihrer Identität darf man jedoch wohl aufstellen.

Eben dieselben Könige kommen nun, wie es scheint, auch in dem Königspapyrus vor. Brugsch hat in seiner Anordnung der Fragmente desselben in der 5ten und 6ten Kolumne[1] 23 Königsnamen vor der 12ten Dynastie aufgeführt. Hier kehrt in den Fragmenten 47 und 48 der Name Ra-nefer-ka zweimal wieder (erste und vierte Legende), welcher Name in der Abydostafel öfter vorkommt; Ra-neb-cher im 63sten Fragmente ist unzweifelhaft ein König der 11ten Dynastie.

In dem Falle, dass die genannten Königsreihen in der Abydos- und der Karnaktafel so wie in dem hieratischen Papyrus identisch sind, — was ich jedoch nicht behaupten wage — so muss man sich die Sache so denken, dass die drei verschiedenen Quellen Thebanisch sind, und dass sie in diesen Reihen die Könige darstellen, die vom Thebanischen Standpunkte aus als legitim

[1] Hist. d'Égypte. Pl. III.

zwischen der 6ten und 12ten Dynastie angesehen wurden. Ferner müssen wir annehmen, dass die 17 Könige des . Papyrus der 10ten sogenannten Herakleopolitischen Dynastie mit 19 Königen und 185 Regierungsjahren,[1] und die folgenden sechs der 11ten Dynastie mit 16 Königen und 43 Jahren entsprechen. Nach den 17 Königen folgt eine Zusammenzählung ihrer Regierungsjahre; ebenfalls findet sich eine Summenangabe hinter den 6 Königen, welche indessen kaum — wie man bisher geglaubt hat — die Regierungsjahre der 6 Könige betrifft; denn die hier aufgeführte Summe, 243 + x Jahre, ist sonst nirgendwo als Regierungsjahre einer Dynastie angegeben worden. Ich denke mir das Verhältniss so: Der Papyrus hat die 17 Könige in eine Dynastie, die der Manethonischen 10ten Dynastie entspricht, zusammengerechnet; die folgenden 6 Könige, der 11ten Dynastie Manethos entsprechend, hat der Papyrus nicht in eine Dynastie zusammengezählt, sondern sie mit den darauf folgenden 8 Königen (Manethos 12te Dynastie) zusammengerechnet, und aus diesen 14 Königen nur eine Dynastie gebildet (Manethos 11te und 12te Dynastie), welcher durch Zusammenzählen eine Regierungszeit von 213 Jahren 1 Monate und 17 Tagen gegeben worden ist. Die hinter den 6 Königen stehende Summenangabe von 243 + x Jahren betrifft die Zeit, in welcher die vorhergehenden Könige nur in Oberägypten regiert haben; nach diesen Jahren bemächtigten die Diospoliten sich des ganzen Landes, was der Papyrus wahrscheinlich angegeben hat durch die Worte ⸻ te ta-ti = „(die Thebanischen Könige) eroberten die zwei Länder = Ober- und Unterägypten = das ganze Aegyptische Reich." Diese 243 + x Jahre, in welchen die Thebanischen Könige nur in der Thebaïs herrschten, finden sich, wie ich glaube, bei Manetho in der Jahressumme der 10ten und 11ten Dynastie wieder, welche von Memphitischem Standpunkte aus als Nebendynastien betrachtet werden müssen. Manetho giebt an:

---

[1] Brugsch sieht in diesen 17 Königen Manethos 8te Dynastie mit 27 Königen und 146 Jahren. Hist. d'Égypte S. 48.

10te Dynastie	19 Herakleopoliten	185 Jahre
11te —	16 Diospoliten . .	43 —
Ammenemes	. . . .	16 —
		244 —,

worauf die 8 Thebanischen Könige bei Manetho in der 12ten Dynastie als Reichskönige auftreten. Auf Thebanischem Standpunkte waren die 6 Könige ebenso legitim als die folgenden 8 Könige, wofür alle 14 in eine Dynastie zusammengezählt wurden; auf Memphitischem Standpunkte aber konnte nur die Legitimität der letzten 8 Könige anerkannt werden; daher musste mit ihnen in den Memphitischen Annalen eine neue Dynastie anfangen.

Dass Manetho in der 11ten Dynastie 16 Könige hat, während der Papyrus nur 6 aufführt, kann sehr gut richtig sein, da man auf den Denkmälern wenigstens 8 regierende Mitglieder der Antef- und Mentuhotep-Familien gefunden hat, woraus folgt, dass der Papyrus die Regierungen mehrerer Könige in die eines Einzelnen hineingezogen hat, wahrscheinlich weil mehrere Könige gleichzeitig regierten. Dasselbe kann auch der Fall sein mit der 10ten Dynastie, welche Manetho mit 19, der Papyrus aber mit 17 Königen aufführt.

Die 9te Dynastie muss sowohl von Memphitischem als Thebanischem Standpunkte aus als illegitim betrachtet worden sein. Sie wird eine Herakleopolitische genannt, entweder weil ihr Haupt aus dem in der Nähe Pelusiums liegenden Herakleopolis gebürtig war, (an Herakleopolis bei Memphis kann man wohl nicht denken) oder weil sie da herrschte. Die 10te Dynastie, die auch Herakleopolitisch heisst, muss unter unbekannten Umständen ihre Herrschaft von dem Deltalande nach Oberägypten übergeführt haben, und indem sie in Theben ihre Residenz aufschlug, wurde sie da als legitim anerkannt.

Diese Auffassung der 9ten, 10ten und 11ten Dynastie weicht von der meiner Vorgänger ab; ich gebe sie hier nur als Vermuthung zur näheren Prüfung, indem ich jedoch nochmals darauf aufmerksam mache, dass die 243 + x Jahre des Papyrus (x kann hier jedenfalls nicht eine höhere Zahl als 6 repräsentiren) auf eine schlagende Weise mit den 244 Jahren stimmen, die Manetho als die Regierungszeit der 10ten und 11ten Dynastie und des Ammenemes giebt. Wenn man auch nicht die Identität der genannten Königsreihen in der Abydos- und der Karnaktafel und der des hieratischen Papyrus einräumen will, so wird man vielleicht zugeben, dass die 23 Könige der fünften und sechsten Kolumne des Papyrus identisch mit der 10ten und 11ten Dynastie Manethos sind; denn da die 6 letzten Könige nur Thebanisch sind, so liegt es nahe, auch die vorangehenden 17 Könige als Thebanische, nicht als Memphitische, zu betrachten, weil der Papyrus, wenn er Memphitisch wäre, nicht die Legitimität der 6 nur in Thebaïs herrschenden Könige anerkannt hätte. Ist also der Papyrus eine Thebanische Quelle, müssen wir erwarten, in ihr die Thebanische Königsreihe zu finden.

Wie man aber auch diese Dynastien betrachten will, ist unsere Anordnung der Reichsdynastien davon ganz unabhängig, da sie jedenfalls Dynastien sind, die aus dem Memphitischen Kanon ausgestossen werden müssen.

12te Dynastie. Lepsius hat in einer besonderen Abhandlung[1] von dieser Dynastie gehandelt. Es ist sein grosses Verdienst, dass er durch scharfsinnige Combinationen zur Evidenz dargethan hat, dass die Herrscher dieser Dynastie die 8 Könige sind, die in der sechsten und siebenten Kolumne des Königspapyrus angegeben sind, und die sich in der Abydostafel unmittelbar vor den Herrschern der 18ten Dynastie finden. Dieses Platzes wegen hatte man geglaubt, dass sie der 17ten Dynastie angehörten, da man nicht früher gesehen hatte, dass die 13te, 14te, 15te, 16te und 17te Dynastie in der Abydostafel übergangen waren. Dagegen hat er gewiss Unrecht, wenn er den 8 Königen 213 Jahre giebt, indem er die am Ende der Dynastie zusammengezählten 213 Jahre 1 Monat 17 Tage sich nur auf sie und nicht, wie ich glaube, auf die vorhergehenden 14 Könige (6 + 8 Könige = 11te und 12te Dynastie Manethos) beziehen lässt. Er hat aus einem Papyrusfragmente, das, seiner Mei-

[1] Abhandlungen der Akademie der Wissenschaften zu Berlin 1852.

nung nach, die Regierungszeit des 3ten, 4ten, 5ten und 6ten dieser Könige enthält, und aus den Zeitangaben, die sich in dem Papyrus bei den zwei ersten und zwei letzten Königen finden, folgende Liste für die 12te Dynastie zusammengestellt:

Amenemha I allein . . .	9 Jahre	
Sesortesen I	45 —	
Amenemha II	3 (7) Jahre	
Sesortesen II	(2) 9 —	
Sesortesen III	3 (7) —	
Amenemha III	4 (1) —	
Amenemha IV	9 —	3 Mon. 27 Tage
Sebeknofru	3 — 10 —	24 —

Zusammen 213 Jahre 1 Mon. 24 (17?) Tage, wodurch er die in dem Papyrus angegebene Summe bekommt; denn zwar geben die einzelnen Zahlen nur die Summe 211 Jahre 2 Mon. 21 Tage, aber Lepsius vermuthet wahrscheinlich, dass die bei den 6 ersten Königen fehlenden Monate und Tage den Mangel suppliren. Diese Uebereinstimmung scheint einen genügenden Beweis für die richtige Auffassung Lepsius' zu geben; aber leider findet sich die Regierungszeit der einzelnen Könige nicht in dem Papyrus so, wie sie Lepsius giebt. Denn auch angenommen, dass das Fragment, das die Regierungszeit der vier mittleren Könige angeben soll, hier auf dem richtigen Platze gekommen ist — was indessen, in Vorübergehen gesagt, durchaus nicht über jeden Zweifel gehoben ist — so ist dadurch nicht die Richtigkeit der Zahlen Lepsius' gesichert. Das Fragment ist nämlich sehr unvollständig. Bei Amenerpha II, wo Lepsius 37 liest, steht nur der Rest eines Querstriches, der viele verschiedene Zahlen, wie 1, 5, 9, 10, 20, 30, 50 und 70, bezeichnen kann. Bei Sesortesen II haben wir denselben unbestimmten Querstrich und eine ziemlich deutliche Neunzahl; hier liest Lepsius 29. Bei Sesortesen III hat der Papyrus das Zahlzeichen für 30, was Lepsius mit 7 supplirt und 37 liest, und bei Amenemha III den Rest eines horizontalen Striches, der das Zahlzeichen 40 sein kann und somit Lepsius' Zahl 41 begründen kann, aber er kann auch eine andere Zahl

bezeichnen. Aus einer solchen Quelle kann man alles Mögliche entnehmen, nur keinen Beweis.

Wir haben gesehen, dass der Africanische Manetho ein zuverlässiger Führer durch alle Irrwege der Aegyptischen Chronologie ist, wenn man ihn nur versteht und ihm mit Zuversicht folgt, und man wird wahrscheinlich finden, dass er auch in diesem Punkte Recht hat. Er giebt Folgendes an:

„11te Dynastie, 16 Diospolitische Könige in 43 Jahren.
Ammenemes . . . . 16 —
12te Dynastie. 7 Diospolitische Könige, deren Erster war Sesonchosis, Ammenemes' Sohn . . . . 46 Jahre
Ammenemes . . . . 38 —
Sesostris . . . . 48 —
Lachares . . . . 8 —
Ammeres . . . . 8 —
Ammenemes . . . . 8 —
Seine Schwester Skemiophris . . . . . 4 —
Zusammen 160 Jahre."

Mit Ammenemes beschloss Manetho das erste Buch seines Werkes, und mit der 12ten Dynastie fing er das zweite Buch an. Zuerst muss man hier fragen, warum der einzelne König auf eine so ungewöhnliche Weise zwischen die 11te und 12te Dynastie gestellt ist, ungeachtet er dynastisch mit dem ersten Könige der 12ten Dynastie, dem Sesonchosis, der sein Sohn war, verknüpft ist? Die Antwort ist ziemlich leicht. Es geschah, weil die Diospolitischen oder Thebanischen Könige unter Ammenemes ihre Herrschaft über ganz Aegypten erweiterten, und dadurch aus besonders Thebanischen Königen, deren Legitimität vom Memphitischen Standpunkte aus nicht anerkannt werden konnte, zu Aegyptischen Reichsfürsten wurden. Nach der 8ten Memphitischen dem Manetho legitimen Dynastie, hat er der illegitimen Dynastien, der 9ten, 10ten und 11ten, erwähnt, und dann besonders Ammenemes angeführt, als den Thebanischen König, der sich zum Reichskönig erhob. Dies geschah wahrscheinlich in seinem zehnten Regierungsjahre, und da er demnach im Anfange seiner Regierung dem Manetho illegitim, in den letzten Jahren aber legitim war, so musste er natürlich eine Mittelstellung zwischen den zwei Dynastien bekommen. Mit der 12ten Dynastie fing nach einer lange Zeit dauernden inneren Spaltung eine neue glänzende Periode in der Aegyptischen Geschichte an; hier war daher der Abschnitt recht am Orte. Manetho hatte also vollen Grund, nicht allein Ammenemes zwischen die 11te und 12te Dynastie zu setzen, sondern auch ein neues Buch nach ihm anzufangen, ungeachtet er dynastisch mit der 12ten Dynastie zusammenhing. Aber warum gab ihm Manetho 16, und nicht bloss 10 Jahre, da er ja in seinem zehnten Jahre legitim wurde? Wahrscheinlich weil er im Ganzen 16 Jahre regierte. Nach einer von Lepsius citirten Stele im Louvre geht indessen hervor, dass er einige Jahre gleichzeitig mit seinem Nachfolger herrschte; wie viele Jahre kann man nicht bestimmt sagen, da nur Reste von vier Strichen übrig sind. Wir wollen annehmen, dass er in seinem 10ten Regierungsjahre den Sohn als Mitregenten annahm, und dass dies mit der Erhebung der Dynastie zur Reichsdynastie zusammenfiel, weil diese mit dem Sohne Sesonchosis bei Manetho anfängt. Wahrscheinlich hat Manetho dies in seinem Werke angemerkt. Wenn er Ammenemes allein 16 Jahre giebt, ungeachtet er dem Sohne 6 von denselben in der 12ten Dynastie zugerechnet hat, so ist dies eine Ungenauigkeit, die indessen auf Manethos Standpunkte gar unwesentlich ist, da die 16 Jahre ja nicht in die Jahressumme der Reichsdynastien mitgerechnet werden sollten. Ich glaube daher, dass hier eigentlich nur 10 anstatt 16 Jahre stehen sollen, und dann bekommen wir bei Manetho die folgende Reihe:

 11te Dynastie, 16 Diospoliten (illegitim) 43 Jahre.
 Ammenemes (illegitim) . . . . . . 10 —
  (Im Ganzen 16 Jahre).
 12te Dynastie, 7 Diospoliten (legitim) <u>160 —</u>
       Zusammen 213 Jahre,

von denen nur 160 in dem Memphitischen Reichskanon aufgeführt werden konnten, während dagegen alle 213 Jahre in dem Thebanischen stehen mussten, da sowohl die 11te als die 12te Dynastie

Diospolitisch oder Thebanisch sind. Diese Summe hat nun eben, wie wir gesehen haben, der hieratische Papyrus; denn die Summenangabe von 213 Jahren, die hinter dem letzten Könige der 12ten Dynastie steht, bezieht sich, wie ich glaube, auf alle die vorangehenden 14 Könige, die ohne Zweifel der 11ten und 12ten Dynastie Manethos entsprechen. Indem wir die zwei verschiedenen Quellen, jede von ihrem eigenthümlichen Standpunkte aus, betrachten, finden wir sie also auf eine auffallende Weise mit einander übereinstimmend. Hiedurch gewinnen wir einen neuen Beweis für die Richtigkeit der Manethonischen Listen. Es unterliegt nämlich keinem Zweifel, dass der Papyrus wirklich hier die Summe 213 Jahre hat, da die Ziffern leserlich sind, und da das Fragment, wo sie stehen, nach den genauen Untersuchungen Lepsius' und M. de Rouges,[1] mit dem Fragmente zusammengehört, wo die zwei letzten Könige der 12ten Dynastie aufgeführt sind. Zwar kann man bezweifeln, dass die Summe sich auf die 14 Könige, und nicht bloss auf die 8 letzten bezieht; da aber die vor den 8 Königen stehende Summe von 243 + x Jahren nicht die Regierungsjahre der 6 ersten Könige angeben kann, so ist meine Auffassung aller Wahrscheinlichkeit nach die richtige. Dagegen kann dem Fragmente, das die Regierungsjahre der vier mittleren Könige angeben soll, keine Bedeutung beigelegt werden, da nicht nur sein Platz ungewiss ist, sondern auch seine Zahlen durchaus mutilirt und unleserlich sind. Ohne also Rücksicht auf dies Fragment nehmen zu können, gebe ich folgende Anordnung der Könige der 12ten Dynastie:

[1] Revue archéologique VIIe année, deuxième partie S. 561 u. flg.

Dritte Abtheilung. Versuch eines neuen chronol. Systemes.

		Nach Manetho.	Höchstes Jahr der Denkmäler.
Amenemha I allein	10 Jahre		
Amenemha I und Sesortesen I	6 —		
Sesortesen I allein	36 —	Sesortesen I . . 46 Jahre.	44 des Sesortesen I = 2 des Amenemha II. (Stele in Leyden).
Sesortesen I und Amenemha II	4 —		
Amenemha II allein	28 —	Amenemha II . 38 —	35 des Amenemha II = 3 des Sesortesen II. (Stele aus Assuan).
Amenemha II und Sesortesen II	10 —		
Sesortesen II allein	19 —	Sesortesen II . 48 —	11 des Sesortesen II.
Sesortesen II und Sesortesen III	4 —		
Sesortesen II und Sesortesen III und Amenemha III	25 —		
Sesortesen III und Amenemha III	8 —	Sesortesen III . 8 —	28 des Sesortesen III.
Amenemha III allein	8 —	Amenemha III 8 —	6—43 des Amenemha III (Nilmessungen bei Semneh in Oberägypten).
Amenemha III und Amenemha IV	1 —	Amenemha IV 8 —	6 des Amenemha IV.
Amenemha IV allein	7 —		
Ra Sebeknofru	4 —	Sebeknofru . . 4 —	
	160 Jahre.	160 Jahre.	

Es erhellt aus den Inschriften der Denkmäler, dass mehrere dieser Könige gleichzeitig regiert haben. Daraus folgt indessen nicht, dass alle die gleichzeitigen Könige in jedem unter ihnen aufgeführten Denkmale immer angegeben worden sind, da sich ja denken lässt, dass der Eine der gleichzeitigen Könige allein Krieg geführt oder Regierungshandlungen ausgeführt hat, weswegen auch dieser Eine natürlicherweise auf dem bei der speciellen Angelegenheit aufgeführten Denkmale allein erwähnt worden ist. So wird in der Inschrift Amenis in dem Grabe bei Benihassan das 43ste Jahr Sesortesens I allein genannt, ungeachtet Amenemha II, der Leydener-Stele nach, schon damals Mitregent war, insofern man nicht annehmen will, dass er es erst später in demselben Jahre wurde. Ferner findet sich in demselben Grabe die Darstellung der Einwanderung einer Semitischen Familie, die aus dem 6ten Regierungsjahre Sesortesens II datirt ist, ungeachtet er damals nur Mitregent Amenemhas II war. Wenn das 26ste Regierungsjahr Sesortesens III in einem Denkmale allein angegeben worden ist, so kann man daher nicht daraus schliessen, dass er damals allein regierte. Ebenso wenig können die 14 Nilhöhen bei Semneh, die mit dem Namen Amenemhas III allein inscribirt sind, beweisen, dass dieser König in allen daselbst angegebenen Jahren wirklich allein regiert habe; jedenfalls muss er damals, als sein 43stes Regierungsjahr dort eingemeisselt wurde, auch nach Lepsius' Tafel der 12ten Dynastie, Amenemha IV als Mitregenten angenommen haben, was indessen nicht hinderlich war, Amenemhas III in der Inschrift allein zu erwähnen. Wie man sich nun von dem Umstande, dass ein Denkmal zu einer gewissen Zeit nur eines einzelnen Königs erwähnt, nicht hat abhalten lassen, auch einen anderen König als Mitregenten zu derselben Zeit aufzuführen, so kann dies auch nicht hinderlich gegen die Annahme von noch einem Mitregenten sein. Dies bemerke ich in Bezug auf meine Aufführung von drei gleichzeitigen Königen. Man wird sie vielleicht bedenklich finden; aber die Angaben Manethos lassen sich nicht anders erklären, wenn man, wie nothwendig ist, Rücksicht auf die deutlichen Zeugnisse der Denkmäler nehmen soll; auf diese Weise finden sie dagegen eine leichte und natürliche Erklärung. Es ist auch Nichts in der Sache selbst, was die Annahme hindert, dass drei Könige, gegenseitiger Uebereinkunft zufolge, neben einander regierten, besonders in einer Zeit, da Doppelregierungen, nach der Aussage der Denkmäler, so häufig waren. Wir können in dieser Beziehung nur der Zeit unserer eigenen (der Norwegischen) Geschichte gedenken, da Doppelregierungen stattfanden, wie damals eben so wohl drei als zwei Könige gleichzeitig regierten, wie z. B. Sigurd, Øystein und Olaf, die Söhne Magnus Barfods, zuerst alle, und nachher, seit dem Tode Olafs, die zwei ersten neben einander herrschten; derselbe Fall fand auch mit den drei Söhnen Harald Gilles Statt. Wenn erst das Princip der Gleichzeitigkeit etablirt worden ist, so ist die Zahl der gleichzeitigen Regierungen eigentlich gleichgültig. Ich denke mir das Verhältniss zwischen den drei gleichzeitigen Königen, Sesortesen dem 2ten und 3ten und Amenemha dem 3ten folgendermassen. Der Erste als der älteste (vielleicht war er Vater der zwei Letzten) regierte ruhig daheim, während Sesortesen der 3te durch Kriege die Landesgrenzen erweiterte und Amenemha der 3te durch weitläufige Wasserbauarbeiten, wie die Ausgrabung des Möris-Sees, das Ackerland vergrösserte. Ich stimme hier mit den Denkmälern überein. Diese wissen sehr wenig von Sesortesen dem 2ten zu erzählen, wie auch die Geschichte gewöhnlich nicht Vieles von friedlichen Regierungen zu berichten hat. Ungeachtet er, nach Manetho, 48 Jahre regierte, geben die Denkmäler nur einige seiner ersten Regierungsjahre an: das fünfte,[1] das sechste in der Darstellung der Einwanderung der Semitischen Familie, und das eilfte. Sesortesen der 3te war dagegen, nach den Denkmälern, sehr kriegerisch; er unternahm besonders Kriegszüge gegen die Neger, erweiterte die südliche Landesgrenze, baute Forte da, um die Einfälle der Neger zu hindern. Er erwarb sich eine so grosse Berühmtheit, dass der mehr als 600 Jahre später regierende Tuthmosis der 3te einen Tempel zu seiner Verehrung in Nubien errichtete. Die Denkmäler geben sein 8tes,

---

[1] Lepsius' Denkmäler II Abtheil, 123 Blatt d.

10tes, 14tes, 16tes[1] und 26stes Regierungsjahr an und bezeugen seine Kriegsthaten. Amenemha des 3ten erwähnen sie beinahe nur als Baumeisters. Die vierzehn Nilhöhen bei Semneh, aus seinem 6ten bis 43sten Regierungsjahre datirt, deuten an, dass er sich mit den grossen Wasserbauarbeiten zu seiner Zeit, wovon der Möris-See unabweisbare Zeugnisse giebt, besonders beschäftigte. Nach Lepsius' Untersuchungen ist auch das Labyrinth, zufolge der in den Ruinen desselben gefundenen Inschriften, von Amenemha dem 3ten erbaut worden. Die Denkmäler scheinen uns somit die verschiedenen Wirkungssphären der drei Könige gleichsam anzuzeigen und zu bestimmen, und sind demnach in Uebereinstimmung mit meiner Annahme der Gleichzeitigkeit. Auch ein anderer Umstand scheint bestimmt für sie zu sprechen. Nach den über diesen Punkt angestellten Untersuchungen kann kaum ein Zweifel sein, dass Amenemha der 3te der Erbauer des Labyrinths war. Wenn nun Manetho dessenungeachtet erzählt, dass es von Sesortesen dem 3ten erbaut wurde, so kann dieser Widerspruch nur durch die Annahme gelöst werden, dass Manetho dem gleichzeitigen wahrscheinlich wegen seiner Kriegsthaten berühmteren Sesortesen dem 3ten den Bau des Labyrinths zugeschrieben hat, ungeachtet es in der That von Amenemha dem 3ten gebaut wurde; die Verwechselung würde dagegen höchst sonderbar sein, wenn Sesortesen der 3te, wie Lepsius annimmt, vor Amenemha dem 3ten regiert, und also nichts mit dem Baue zu schaffen gehabt hätte. In dieser Verbindung verdient auch angemerkt zu werden, dass entweder Sesortesen der 2te, oder 3te, oder vielleicht Amenemha der 3te in der Karnaktafel unerwähnt ist, indem sich hier nur zwei anstatt dreier Könige zwischen Amenemha dem 2ten und 4ten finden. Nun regierten jene drei Könige meiner Anordnung nach gleichzeitig, und zwar so, dass Sesortesen der 3te gar nicht allein regierte, Sesortesen dem 2ten aber eine Einzelnregierung von 19 und Amenemha dem 3ten eine von 8 Jahren zukommt; folglich konnte Sesortesen der 3te füglich übersprungen werden, da er keine Einzelnregierung repräsentirte. Oder,

---

[1] Leps. Denkm. II Abth. 136 Bl. i. c. a. h.

wenn man es unwahrscheinlich finden sollte, dass ein so berühmter König von der Karnaktafel ausgeschlossen worden sei, so steht ja die Vermuthung offen, dass Sesortesen der 2te als ein gleichzeitig regierender unberühmter König ausserhalb der Reihe gestellt worden, in welchem Falle seine Einzelnregierung von 19 Jahren als gemeinschaftlich mit der Regierung Sesortesens des 3ten gedacht werden muss. Repräsentirte jeder der drei genannten Könige eine selbstständige und dazu so langjährige Einzelnregierung, wie sie Lepsius aufführt, so würde es unerklärlich sein, dass Einer derselben in der Karnaktafel fehlt; dies erscheint dagegen ganz natürlich in dem von mir angenommenen Falle.

Meine Tafel der Könige der 12ten Dynastie ist also nicht nur mit den Manethonischen Listen übereinstimmend, sondern sie giebt auch eine einfache Erklärung der damit in Verbindung stehenden Phänomene, die sich sonst als Widersprüche zeigen; sie streitet auch nicht wider Etwas in der Sache selbst. Lepsius' Tafel ist dagegen, um nur Eins zu erwähnen, mit den von Manetho überlieferten Zahlen durchaus unvereinbar. Wir verlassen hiermit die 12te Dynastie.

Die fünf folgenden Dynastien sind schon oben besprochen worden. Eine Vergleichung der Königsreihen, die sich in der Karnaktafel und dem Turinerpapyrus finden, und wahrscheinlich die Könige der 13ten Dynastie darstellen, hier anzustellen, ist wohl weniger nöthig. Wir gehen daher zu der 18ten Dynastie über.

18te Dynastie. Mit dieser Dynastie fängt eine neue glänzende Periode in der Aegyptischen Geschichte an. Ihr Haupt, Amos, stürzte die Herrschaft der Hyksoskönige vollständig durch ihre Vertreibung aus dem letzten Zufluchtsorte Avaris, und dies Ereigniss war wichtig genug, um mit ihm eine neue Dynastie anfangen zu lassen, obgleich er, wie es scheint, dynastisch mit den Königen der 17ten Dynastie zusammenhängt. Hier fängt das sogenannte neue Reich an, nach der gewöhnlichen Eintheilung der Aegyptischen Geschichte in: 1) das alte Reich, 1—12 Dynastie, vor dem Einfalle der Hyksos; 2) das mittlere Reich, 13—17

Dynastie, das die Hyksosherrschaft umfasst, und 3) das neue Reich, 18—30 Dynastie. Die zahlreichen Denkmäler, die uns jetzt begegnen, sind nicht nur wichtig als Zeugen einer grossen Machtentwickelung und einer hohen Cultur, sondern sie geben zugleich wesentliche Materialien für die Chronologie ab.

Es ist schon früher erwähnt, dass Lepsius aus der Manethonischen 18ten Dynastie die 17te, 18te und einen Theil der 19ten Dynastie gebildet hat. Dabei verwirft er indessen ganz und gar die Manethonische Quelle. Ich folge ihr dagegen vollständig und bekomme dadurch die folgende Tafel der 18ten Dynastie.

Die achtzehnte Manetho.

1. Amos	regierte bis zum		. . . .	1490 vor Chr.
2. Chebros	—	13 Jahre	von 1490 bis 1477	—
3. Amenophthis	—	21 —	— 1477 — 1456	—
4. Amensis	—	22 —	— 1456 — 1434	—
5. Misaphris	—	13 —	— 1434 — 1421	—
6. Misphragmouthosis	—	26 —	— 1421 — 1395	—
7. Touthmosis	—	9 —	— 1395 — 1386	—
8. Amenophis	—	31 —	— 1386 — 1355	—
9. Oros	—	37 —	— 1355 — 1318	—
10. Acherres	—	32 —	— 1318 — 1286	—
11. Rathos	—	6 —	— 1286 — 1280	—
12. Chebres	—	12 —	— 1280 — 1268	—
13. Acherres	—	12 —	— 1268 — 1256	—
14. Armesis	—	5 —	— 1256 — 1251	—
15. Ramesses	—	1 —	— 1251 — 1250	—
16. Amenophath	—	19 —	— 1250 — 1231	—
	Zusammen	259 Jahre	von 1490 — 1231	—

Dynastie.

Die Denkmäler.
1. Ahmes.
2. Totmes I Scha-ma-ra = Chabra = Chebros.
    Totmes II, Sohn des Totmes I, regierte gleichzeitig mit seinem Vater.
3. Amenhotep I, der zweite Sohn des Totmes I. Er hatte eine Schwester Amensi.
4. Amen-si, Schwester des Amenhotep I.
5. Mi-sau-ra-h, Gemahlin des Totmes III.
6. Mi-sau-ra-h (h = g und) Totmes III.
7. Totmes III.

Totmes III eignete sich auf seinen Denkmälern alle diese Jahre zu, und regierte demnach 70 Jahre, von 1456—1386 v. Chr. Das Elephantinefragment giebt das Jahr 1454 v. Chr. an.

8. Amenhotep II und Totmes IV.
9. Amenhotep III. Ma-neb-ra (= Menophres bei Theon) Amenhotep (= Amenophis bei Josephus c. Ap. I. 26.). Der Standartenname (Leps. Königsb. Tafel XXVII 373 b.) 𓍁𓂀 𓃒 𓏏 = uah-rompe-u-achu-heb-u = „füllend = feiernd die Volksfeste der sehr vielen Jahre" deutet den Anfang der Sothisperiode im Jahre 1322 v. Chr. an.
10. Amenhotep IV. Aten-chu-ra (= die Sonnenscheibe, die Seele der Sonne) = Ἀτ(=κ)εγχήρης bei Josephus.

14. Hor-m-heb.

Durch Josephus irregeleitet hat Lepsius angenommen, dass die Hyksos zuerst von Totmes dem 3ten, dem 7ten Könige dieser Dynastie bei Manetho, vertrieben worden, was wohl der eigentliche Grund war, warum er aus den sechs vorangehenden Königen eine eigene, nämlich die 17te Dynastie bildete. Aus den später übersetzten Monumentalinscriptionen erhellt indessen — und dies unterliegt jetzt keinem Zweifel mehr — dass es Amos war, der die Hirten aus Avaris, ihrem letzten Zufluchtsorte in Aegypten vertrieb, und wir können ihn daher sowohl in Uebereinstimmung mit Manetho als mit den Denkmälern als das Haupt der 18ten Dynastie setzen. Wir haben oben gesehen, dass die Hirtenherrschaft über Aegypten in dem 43sten Jahre der 17ten Dynastie gebrochen wurde, und dass sie dann, nach Avaris zurückgedrängt, sich da 108 Jahre hielten. Gegen das Ende dieser Zeit regierte, einem hieratischen Papyrus im Britischen Museum zufolge, in Avaris ein Hyksoskönig mit Namen Apepi (den man als verschieden von Apepi, dem sechsten Könige der 15ten Dynastie, Apepi den 2ten nennen kann); gleichzeitig regierte in Oberägypten ein König mit Namen Ra-sekennen. Sie regierten, wie es scheint, zuerst eine Zeit lang friedlich neben einander; nachher aber brach der Krieg unter ihnen los. Er wurde von Amos, dem Nachfolger Ra-sekennens fortgesetzt, und dieser war am Ende so glücklich, die fremden Gewaltherrscher vollständig zu vertreiben. Dies wird mit deutlichen Worten in der Inscription des sogenannten Ahmes-Grabes erzählt. Ich gebe die Uebersetzung der hieher bezüglichen Stelle nach Brugsch:[1]

Et on assiégea la forteresse d'Avaris, et je combattis sur mes jambes devant sa Sainteté. Voici que je m'approchai du vaisseau „Sa-m-Mennefer." On fit la guerre sur l'eau portant le nom de l'eau d'Avaris. J'ai montré ma bravoure et j'ai pris une main (coupée d'un ennemi tué). La louange du roi me fut accordée (?) et on me donna le collier d'or pour la bravoure. Voici qu'il y eut une seconde fois un combat dans cette place, et encore j'ai montré ma vaillance, (car) voici que j'ai apporté une main. On

[1] Hist. d'Égypte S. 81.

m'accorda le collier d'or pour la seconde fois. Le combat se fit alors dans la partie(?) au sud de cette forteresse (Avaris). Voici que j'ai pris un homme vivant captif; j'allai vers l'eau, emmenant le captif en combattant sur la route de la forteresse; mais je partis avec lui sur l'eau. La louange du roi me fut accordée et voici que je fus honoré de nouveau du collier d'or. On prit la forteresse d'Avaris et j'en ai enlevé un homme et des femmes, en somme trois têtes, que sa Sainteté (le roi) m'accorda comme esclaves."

Dies sind die Worte des Papyrus. Dass der Krieg zwischen den Aegyptern und den Hyksos mit der Eroberung von Avaris endigte, kann mit Bestimmtheit aus der Erzählung Josephus' geschlossen werden, da er nämlich sagt, dass die Hyksos aus Aegypten zogen, nachdem sie Avaris verloren hatten. Dass Josephus den siegengen König Thoummosis anstatt Amos nennt, kann hier nicht als Einwendung geltend gemacht werden, da die Nachfolger Thoummosis' bei Josephus eben dieselben sind, wie die des Amos bei Manetho; denn wenn diese zwei Könige denselben Platz in der Königsreihe einnehmen, so müssen sie auch nothwendig identisch sein, obgleich sie unrichtig verschiedene Namen bekommen haben. Die verschiedenen Namen lassen sich indessen, wie wir später sehen werden, auf eine genügende Art erklären.

Ausser dem Zeugnisse des hieratischen Papyrus können wir auch ein anderes anführen. Der Africanische Manetho fügt, nachdem er den Amos aufgeführt hat, die Worte hinzu: „Unter diesem ging Moses aus Aegypten aus." Mit diesen Worten ist ohne Zweifel der Auszug der Hyksos angegeben, da wir wissen, dass die Jüdischen und Christlichen Schriftsteller die Hyksos mit den Israeliten identificirten.

Indem ich demnach glaube, dass die Quellen den Amos, das Haupt der 18ten Dynastie, als den Vertreiber der fremden Herrscher aus Aegypten angeben, kann ich als Stütze für diese Meinung die Auffassung der grössten jetzigen Aegyptologen anführen. M. de Rougé hat dieselbe Meinung bestimmt und entschieden geltend gemacht. Brugsch sucht zwar einen Mittelweg einzuschlagen, indem er annimmt, dass die Hyksos zuerst von Amos vertrieben, aber in Aegypten wieder eingedrungen, zuletzt von Totmes dem 3ten ausgetrieben worden seien. Die so modificirte Auffassung ist vielleicht vorgeschlagen worden, um nicht ganz mit Lepsius' Systeme zu brechen, und um das einzelne Factum in das Ganze hineinpassen zu können. Solche Rücksichten waren nicht für M. de Rougé vorhanden. Er liess sich nur von den für diese specielle Frage geltenden Gründen, nicht von den chronologischen Systemen bestimmen. Meine Dynastienanordnung, welche dieses unabhängig constatirte Factum nicht nur aufnimmt, sondern fordert, bewährt sich demnach auch hier, und ich kann folglich dies als einen neuen Beweis ihrer Richtigkeit ansehen.

Man sieht, dass dem Amos keine bestimmte Regierungszeit gegeben worden ist. Der Grund ist wahrscheinlich der, dass Manetho seine Regierungsjahre mit in den 151 Jahren der 17ten Dynastie gerechnet hat, weil die Hyksos am Ende seiner Regierung vertrieben worden sind. Als die nächsten Nachfolger Amos' werden von Manetho Chebros, Amenophthis, Amensis, Misaphris, Misphragmuthosis und Tuthmosis genannt. Man hat in dem Namen Chebros die Gemahlin Ahmos', Noferari, gesehen; es scheint indessen viel natürlicher den Namen Chebros als aus dem Namen (Totmes) Scha-ma-ra (= das Diadem, der Sonne gleich) = Schamra — Chabra — Chebros (Leps. Königsb. Tafel XXIV 339 E.) dem zweiten Theile des Familiennamens Totmes' des 1sten entstanden anzunehmen. Amenophthis ist unzweifelhaft derselbe wie Amenhotep der 1ste, und da Totmes der 1ste einen Sohn mit dem Namen Amenhotep (Königsb. Legende 341) hatte, so kann man in diesem vielleicht Amenhotep den 1sten sehen. Amensis wird von Josephus als eine Schwester Amenophthis' angegeben, und da Amenhotep der 1ste, den Denkmälern zufolge, wirklich eine Schwester, Amen-si-t (Königsb. Legende 332) genannt, hatte, so scheint die Identität derselben höchst wahrscheinlich. In „Misaphris" könnte man vielleicht den monumentalen Namen Mi-sau-ra-ha (Königsb. Legende 350) wiederfinden wollen; sie war ja eben die Gemahlin Totmes' des 3ten. Au diesen vergleichenden Zusammenstellungen geht folgende Liste hervor:

Manetho.	Die Denkmäler.
Amos	Ahmes.
Chebros	Totmes I. Scha-ma-ra Ra-aa-cheper-ka. Sein Sohn Totmes II. Neferschau Ra-aa-cheper-u regierte gleichzeitig mit dem Vater; ein zweiter Sohn war
Amenophthis . . .	Amenhotep I. Ra-ser-ka. Seine Schwester war
Amensis	Amen-si, die ihrem Bruder in der Regierung folgte. Gleichzeitig mit Amenhotep I. und Amensi regierte vielleicht die Wittwe Totmes' des 2ten Amen-num-sau-ha-t Ra-ma-ka.
Misaphris	Mi-sau-ra-ha-t, die Gemahlin Totmes' des 3ten.
Misphragmuthosis .	Mi-sau-ra-h (= g und) Totmes III.
Tuthmosis	Totmes III.

Durch diese Anordnung würde sich vielleicht die Verwirrung, die anerkanntermassen in der bisher aufgestellten Geschlechts- und Thronfolgerreihe stattfindet, auf eine einfache Weise lösen. Wenn man annimmt, dass Totmes der 1ste einige Jahre gleichzeitig mit seinem Vorgänger regierte, und ihm bei der Eroberung von Avaris behülflich war, so erklärt sich leicht, dass Josephus den Vertreiber der Hyksos Thummosis (= Totmes) anstatt Amos nennen konnte. Dasselbe bezeugt Syncellus, insofern man zugeben will, dass er auch einmal Recht haben kann; denn nachdem er Africanus' Worte angeführt hat, fügt er hinzu[1]: „Ich glaube, dass Africanus nicht weiss, dass sein Amos auch Amosis genannt wird und derselbe wie Tethmosis, Aseths Sohn, ist."

Totmes der 1ste heisst auf den Denkmälern vollständig Ra-aa-cheper-ka (der Thronname) Totmes Scha-ma-ra (der Familienname). Es kann sonderbar scheinen, dass Manetho ihn Chebros

[1] Sync. p. 69 B.

nach dem zweiten Theile seines Familiennamens Scha-ma-ra genannt hat, anstatt den gewöhnlicheren Namen Totmes zu brauchen. In dieser Beziehung will ich aber auf einen Umstand aufmerksam machen, an den man, wie es scheint, bisher nicht gedacht hat. Auf den Denkmälern kehrt öfters derselbe Familienname für verschiedene Individuen wieder. Da kann dies indessen keine Verwechselung herbeiführen, weil jedesmal der Thronname, welcher beinahe immer für jedes Individuum verschieden ist, beigefügt wurde. In den Manethonischen Listen aber, wo man wohl nicht beide Namen vollständig aufnehmen konnte, würde eine Verwechselung leicht haben stattfinden können, wenn man mehrere Personen mit demselben Familiennamen angeführt hätte; um sie zu vermeiden, wurde anstatt des mehrmals zurückkehrenden Familiennamens entweder der Thronname oder ein einzelner characteristischer Bestandtheil des Namens oder des Titels gesetzt, wodurch das einzelne Individuum bestimmt bezeichnet wurde. So wurde, um hier einige Beispiele anzuführen, Sesortesen der 3te in der 12ten Dynastie Lacharis genannt, welcher Name, wenn er als Fehlschrift anstatt Kacharis angenommen wird, der Thronname Sesortesens des 3ten, Ka-u-scha-ra, zu sein scheint. Amenemha der 3te, heisst bei Africanus Amares, ein Name, welcher in der bei Eratosthenes vorkommenden Form Mares und in der Form Maros bei Diodor dem Thronnamen desselben Königs Ma-(n-)ra entspricht. Wahrscheinlich aus demselben Grunde hat Sesortesen der 1ste bei Manethos Abschreibern unrichtig den Namen Sesonchosis bekommen, während der Name Sesostris Sesortesen dem 2ten gegeben worden ist. Dasselbe kommt, insofern meine Annahme richtig ist, mehrmals in der 18ten Dynastie vor. Nach den Denkmälern haben wir in dieser Dynastie vier Könige mit dem Familiennamen Totmes oder Touthmosis. Totmes der 1ste ist von Manetho nach dem Familien-Beinamen Scha-ma-ra Chebros genannt. Die Regierung Totmes' des 2ten ist in die des Vaters aufgenommen worden. Totmes den 3ten nennt er mit dem richtigen Familiennamen Touthmosis. Die Regierung Totmes' des 4ten ist wahrscheinlich in die des Amenhotep des 2ten hineingerechnet worden. Weiter geben die Denkmäler vier Könige mit dem Namen Amenhotep an. Der Name Amenhoteps des 1sten ist mit Amenophthis, der des Amenhotep des 2ten mit Amenophis wiedergegeben worden; Amenhotep den 3ten hat Manetho eines speciellen Grundes wegen Oros genannt, und Amenhotep dem 4ten gab er den Namen Akencheres, der offenbar anstatt Atencheres fehlgeschrieben ist, und von dem von Amenhotep dem 4ten später angenommenen Namen Aten-chu-ra abgeleitet werden muss. Es ist also ziemlich wahrscheinlich, dass man, um Verwechselung zu vermeiden, denselben Namen nicht mehrmals angeben wollte; dagegen muss man es unentschieden lassen, ob dies Verfahren schon von Manetho oder erst von seinen Abschreibern herrührt; im letzten Falle muss man annehmen, dass Manetho jeden König nach seinem vollen Thron- und Familiennamen benannt habe. Mit Bestimmtheit kann man indessen wohl behaupten, dass unrichtig geschriebene Namen, wie Sesonchosis, Amenophthis, Amares, Akencheres u. s. w. nicht von Manetho herrühren können; während es andererseits wahrscheinlich ist, dass schon er die Namen Oros, Atencheres u. s. w. gegeben hat. Wir kehren zu Chebros oder Totmes dem 1sten zurück. Er hatte zwei Söhne, Totmes den 2ten und Amenhotep. Dass der Erstere sein Sohn war, besagt eine Inschrift aus Assuan, (Leps. Denkm. III. Tafel 16 a) vom ersten Regierungsjahre Totmes' des 2ten datirt, in deren siebenter Linie Totmes der 1ste sein Vater genannt wird. Er muss entweder sehr kurz oder gleichzeitig mit seinem Vater regiert haben, da Manetho offenbar seine Regierungszeit in den 13 Jahren des Vaters mitgerechnet hat. Der zweite Sohn Amenhotep (Königsb. Legende 341) muss dann als Amenhotep der 1ste den Thron bestiegen haben, und nach seinem Tode die Schwester Amen-si (Königsb. Legende 332). Ihr folgte noch eine Frau mit Namen Misaphris in der Regierung, welche wohl ihren Gemahl Totmes den 3ten als Mitregenten annahm. Dieser hat sich indessen in seinen Denkmälern nicht nur die Regierungsjahre Misaphris', sondern auch die der vorangehenden Amensi zugeeignet. Somit bekommen wir folgende Gleichstellung:

Manetho.		Die Denkm. Totmes' des 3ten.
Amensis . . .	22 Jahre	
Misaphris . .	13 —	Totmes III. . . . . . . 70 Jahre.
Misphragmuthosis	26 —	
Tuthmosis . .	9 —	

Unter der 22jährigen Regierung Amen-sis war Totmes folglich sehr jung, da er sonst nicht 48 Jahre nach ihrem Tode hätte regieren können. Auf diese Weise bekommen wir zugleich eine natürliche Erklärung des sonderbaren Umstandes, dass Totmes der 3te, nach den sogenannten Annalen Totmes' des 3ten, erst in seinem 22sten Regierungsjahre den ersten Kriegszug unternahm (Leps. Denkm. III. Abth. 31 Blatt b). Sein kriegerischer Sinn geht deutlich genug aus seinen Annalen hervor, da er, diesen zufolge, jedes Jahr, vom 22sten bis zum 40sten Regierungsjahre, nur mit Ausnahme des 26sten, 28sten, 32sten og 36sten Jahres, weitläufige Kriegszüge bis in Mesopotamien hinein machte. Es würde in der That sehr sonderbar sein, dass ein so kriegerischer König, wenn er wirklich regiert hätte, erst in seinem 22sten Regierungsjahre, nachdem schon die feurige Jugend vorüber wäre, den Krieg hätte anfangen sollen; dieser Umstand ist dagegen ganz natürlich, wenn Totmes der 3te erst nach Amensi den Thron bestieg, aber ihre 22 Regierungsjahre mit in die seinigen zählte[1]. Est ist übrigens ziemlich unfruchtbar, sich in Vermuthungen zu verlieren, was wohl der Grund sein konnte, dass Totmes der 3te die Regierungsjahre Amensis zu den seinigen zählte; wenn es nicht schlechthin darum geschah, weil sie ein Weib war, so könnte man vermuthen, dass sie seine Mutter gewesen, und die Regierung während seiner Minderjährigkeit geführt habe; andere Erklärungen sind indessen auch möglich, da die Denkmäler, so viel ich weiss,

---

[1] Lepsius darf in diesem Umstande keinen Beweis dafür sehen, dass Totmes der 3te im Anfange seiner Regierung abhängig von den Hyksos gewesen; denn wenn er, wie Lepsius meint, in seinem 13ten Regierungsjahre die Hyksos vertrieben hätte, so könnte er nicht, wie seine Annalen besagen, in dem 22sten Regierungsjahre die erste Expedition gemacht haben.

keine Auskunft hierüber geben. Das ist jedenfalls gewiss, dass die Abydostafel weder Amensis noch Misaphris kennt.

Als Resultat der vorangehenden Entwickelung bekommen wir folgende Zusammenstellung:

Manetho.	Die Denkmäler.
Amos	Ahmes.
Chebros	Totmes der 1ste und 2te.
Amenophthis	Amenhotep der 1ste.
Amensis	
Misaphris	Totmes der 3te.
Misphragmuthosis	
Tuthmosis	

Gegen diese Anordnung kann indessen ein ziemlich wesentlicher Einwand gemacht werden, der nämlich, dass die Abydostafel Amenhotep den 1sten vor Totmes den 1sten stellt; denn sie giebt folgende Reihe:

Ahmes.
Amenhotep I.
Totmes I.
Totmes II.
Totmes III.

Dieselbe Reihe geht auch aus der Inscription einer Stele aus El Kab hervor, die sich jetzt im Louvre befindet, in welcher ein gewisser Ahmes mit dem Beinahmen Pensuben von seinen Kriegsthaten unter den vier ersten dieser Könige erzählt.[1]

Was die Abydostafel betrifft, ist es ja möglich, dass Amenhotep der 1ste aus irgend einem Grund Totmes dem 1sten vorangestellt wurde, ohne dass er ihm auch wirklich in der Regierung voranging. Wir haben nämlich eine ähnliche Umstellung in der Karnaktafel, wo, wie bekannt, der erste und dritte König der 12ten Dynastie nach einander folgen, während der zweite König ausser der Reihe gestellt worden ist. Und was die Inschrift des Ahmes Pensuben anbetrifft, so ist es ja nicht absolut nöthig anzunehmen, dass er die Zeitfolge genau beobachtet habe.

[1] Hist. d'Égypte S. 87.

Indessen kann nicht geläugnet werden, dass hier eine Nichtübereinstimmung stattfindet. Einerseits haben wir Manetho, Josephus und die von den Denkmälern angedeuteten Verwandtschaftsverhältnisse, andererseits dagegen die Abydostafel und Pensubens Inschrift. Wenn wir jenen folgen, erhalten wir die erste Reihe, aus diesen aber geht die zweite Reihe hervor. Ich stelle daher die oben gegebene Anordnung und Erklärung als Vermuthung zur näheren Prüfung auf, indem ich die Bemerkung hinzufüge, dass es ja nicht gewiss ist, dass Totmes' Sohn Amenhotep wirklich identisch ist mit dem Könige Amenhotep dem 1sten.

Will man sich dagegen an die von der Abydostafel gegebene Königsreihe halten, so ist es nothwendig, Chebros und Amenophthis bei Manetho umzustellen, wodurch folgende Gleichstellung herauskommt:

Manetho.	Die Abydostafel.
Amos	Ahmes.
Amenophthis	Amenhotep I.
Chebros	Totmes I und II.
Amensis	
Misaphris	Totmes III.
Misphragmuthosis	
Tuthmosis	

Ich kann nämlich nicht mit Brugsch annehmen, dass Chebros identisch sei mit Nofrari, der Gemahlin Amos'; diese zwei Namen haben keine Aehnlichkeit, während Chebros und Schamra, wie man vielleicht zugeben wird, einander sehr ähnlich sind; Chebros muss daher auch bei der letzten Anordnung als identisch mit Totmes dem 1sten gesetzt werden. Amensis muss auch hier als die Schwester Amenhoteps des 1sten betrachtet werden, da die Vermuthung Brugschs, dass Manetho Ahmes, die Gemahlin Totmes' des 1sten, Amensis oder Amessis genannt, und anstatt Totmes des 1sten, der, Gott weiss warum, soll übersprungen worden sein, als regierend aufgeführt habe, ziemlich unwahrscheinlich ist. Auch ein anderer Umstand macht es unannehmbar, dass Amensis anstatt Totmes' des 1sten und Misaphris anstatt Totmes'

des 2ten sollen angegeben worden sein, indem man durch diese
Annahme folgende Reihe bekommt:

Amos.
Chebros (Nofrari) . . . 13 Jahre
Amenophthis . . . . . . 21 —
Amensis (Totmes I) . . 22 —
Misaphris (Totmes II) . . 13 —
Zusammen 69 Jahre;

denn dann muss man eine Zeit von 69 Jahren zwischen dem Tode
Amos' und dem Totmes' des 2ten annehmen, was aus folgendem Grunde beinahe unmöglich ist. In der genannten Inschrift
Pensubens heisst es nämlich, dass dieser unter Ahmes, Amenophis I, Totmes I und II gekämpft habe, woraus folgt, dass Pensuben während 69 + x Jahre Kriegsdienst gethan hätte; denn
da der letzte König durch den Zusatz: ma-chern = „der Gerechtfertigte" als schon gestorben angegeben ist, so haben wir erstens
69 Jahre, und dazu die unbestimmte Anzahl von Jahren, während
deren Pensuben unter Amos diente. Dass eine und dieselbe Person
etwa 70 Jahre hindurch hätte Krieg führen können, streitet wohl so
ziemlich wider die Ordnung der Natur.[1] Vertritt aber, wie ich
angenommen habe, Chebros bei Manetho Totmes den 1sten und
2ten, so kommen diesen und Amenhotep dem 1sten 34 Jahre zu,
und dann giebt die Inschrift Pensubens Nichts an, was ausserhalb
der Grenzen des Möglichen liegt. Die Frage, ob wir bei Manetho
aus Rücksicht auf die Abydostafel Amenophthis vor Chebros
stellen, oder annehmen sollen, dass Amenhotep der 1ste anderer
Gründe als der Zeitfolge wegen vor Totmes den 1sten in der
Abydostafel gestellt worden ist, hat demnach keinen Einfluss auf
die Gleichstellung Chebros' mit Totmes dem 1sten und 2ten oder
die der Amensia oder Amessis mit Amensi, der Schwester Amen-

---

[1] Allerdings kann man sich den Fall denken, dass Pensuben die Inschrift setzte,
nachdem er aufgehört hatte, als Krieger zu dienen; Totmes II regierte aber nur
13 Jahre. Jedenfalls muss er nach dem Tode Totmes' II gelebt haben, und
unter Ahmes schon vollständig erwachsen gewesen sein, da er, der Inschrift nach,
unter ihm einen Feind tödtete und einen anderen lebendig gefangen nahm.

hoteps des 1sten. Diese Gleichstellung steht oder fällt mit sich selbst.

Aus meiner Tafel der 18ten Dynastie wird man ersehen, dass Totmes der 3te zwischen den Jahren 1456 und 1386 vor Chr. regierte. Dies stimmt mit dem Elephantinefragmente, das Totmes den 3ten als regierend im Jahre 1454 vor Chr. setzt. Hiedurch erhalte ich einen neuen entscheidenden Beweis für die Richtigkeit meiner Anordnung.

Wir gehen jetzt zu einem anderen ebenso entscheidenden Beweise über.

Amenhotep der 3te, der zwischen den Jahren 1355 und 1318 vor Chr. regierte, ist der König, während dessen Regierung die Aere Menophres' 1322 vor Chr. den Anfang nahm, und die Israeliten aus Aegypten auszogen. Denn sein Thronname ist Ma-neb-ra, der durchaus identisch mit Menophres ist, und sein Familienname heisst Amenhotep, nach welchem Josephus den Pharao des Auszuges Amenophis genannt hat. Der Grund, weswegen man den Thronnamen Manebra gewählt hat, um den König zu bezeichnen, unter dem die neue Sothisperiode anfing, ist deutlich genug der, dass dieser Name, der sonst nicht vorkommt, den einzelnen König Amenhotep den 3ten bestimmt angiebt, während der Name Amenhotep Veranlassung zur Verwechselung mit Amenhotep dem 1sten, 2ten und 4ten würde gegeben haben. Insofern man annehmen wollte, dass der zweite Schildname, der Familienname, sonst immer zur Bezeichnung der Könige gebraucht werde — eine Annahme, die indessen durchaus unwahrscheinlich ist, da der Papyrus beinahe immer nur den ersten Schildnamen giebt — so müsste man die Ausnahme hier dadurch erklären, dass man sonst aus der Verbindung ersehen konnte, welcher König einer bestimmten Familie in jedem speciellen Falle gemeint war, während der Familienname auf dieser Stelle, aus jeder Verbindung gerissen, leicht zu einer Verwechselung führen konnte, deren Vermeidung gerade hier so besonders wichtig war.

Dass Amenhotep der 3te der König war, unter dem die Sothisperiode anfing, geht auch ziemlich unzweideutig aus einer

Variante des ersten Titels, des Standartennamens, hervor, welcher
lautet: uah rompe-u achu heb-u = füllend = feiernd die Volksfeste der sehr vielen Jahre.[1] Sollte dieser Titel nicht die Feier
des Anfanges der neuen Sothisperiode bezeichnen? Dass hiedurch
auf ein sehr wichtiges Ereigniss angespielt wird, scheint daraus
hervorzugehen, dass man die Erinnerung davon in einem der
königlichen Titel aufbewahrt hat. Es ist übrigens sonderbar
genug, dass man nicht auf diesen höchst eigenthümlichen Titel,
der, soviel ich weiss, sonst nicht vorkommt, früher aufmerksam
geworden ist.

Ist aber der Pharao des Auszuges derselbe wie Menophres,
unter dem die Sothisperiode anfing? Ja, dies ist erstens schlechthin aus dem Grunde nothwendig, weil der Auszug um das
Jahr 1322 vor Chr. angesetzt werden muss und Manebra Amenhotep in dieser Zeit regierte. Zweitens heisst der Pharao des
Auszuges bei Josephus, wenn man nicht willkürliche Aenderungen
machen will, wirklich Amenophis, wodurch jedenfalls die Wahl
nur unter den vier Königen dieses Namens, die der 18sten Dynastie angehören, schwanken kann. Wir wollen zunächst sehen,
wie Josephus diese Begebenheit erzählt:[2]

„Nachdem er (Manetho) also übereinstimmend berichtet hatte,
dass unsere Vorfahren um so viel Jahre früher aus Aegypten
gezogen waren, sagt er dann, dass der König Amenophis, den er
hier einschiebt, gewünscht habe, ein Götterschauer zu werden, wie Horus, einer seiner Vorgänger. Dieses Verlan-
gen habe er einem Amenophis, Sohn des Paapis, der wegen seiner Weisheit und Voraussicht der Zukunft für göttlicher Natur
theilhaftig galt, mitgetheilt. Dieser Namensgenosse nun habe ihm
gesagt, dass er die Götter schauen könne, wenn er das ganze
Land von den Aussätzigen und andern unreinen Menschen säu-
bere. Der König hierüber erfreut habe alle, die mit diesem kör-
perlichen Gebrechen behaftet waren, aus ganz Aegypten zusam-
menbringen lassen, 80,000 an der Zahl, und habe sie in die öst-

---

[1] Siehe oben Seite 105.

[2] Contra Apion. I. 26. Ich gebe die Deutsche Uebersetzung nach Lepsius.

lich vom Nile gelegenen Steinbrüche geworfen, um dort von den übrigen Aegyptern getrennt zu arbeiten. Unter ihnen seien auch einige gelehrte vom Aussatz ergriffene Priester gewesen. Jener weise und wahrsagende Amenophis aber habe für sich sowohl als für den König den Zorn der Götter zu fürchten begonnen, wenn jene in solcher Zwangsarbeit zu sehen wären, und habe ausserdem vorausgesagt, dass Andere den Unreinen zu Hülfe eilen und Aegypten 13 Jahre lang beherrschen würden. Er habe aber nicht gewagt, dieses gegen den König auszusprechen, sondern habe alles schriftlich hinterlassend sich getödtet. Darüber sei der König sehr muthlos geworden. Dann führt er (Manetho) wörtlich so fort: „Als nun jene lange genug in den Steinbrüchen mit harter Arbeit geplagt worden waren, gab der König ihrer Bitte nach, ihnen zur Erlösung und zum Schutze die damals von den Hirten verlassene Stadt Avaris zu übergeben. Es ist aber diese Stadt nach der Göttersage von jeher eine Typhonische. Jene aber, als sie in diese Stadt eingezogen waren und den Ort zum Abfall günstig fanden, setzten einen Heliopolitanischen Priester Namens Osarsiph zu ihrem Anführer ein und schwuren ihm in allem zu gehorchen. Dieser nun gab ihnen als erstes Gesetz, keine Götter anzubeten und sich der in Aegypten am meisten nach dem Gesetz heilig geachteten Thiere nicht zu enthalten, sondern alle zu opfern und zu verzehren; auch sollten sie mit niemand als den Mitverschworenen Gemeinschaft haben. Nachdem er ihnen diese und viele andere Gesetze, welche den Aegyptischen Sitten durchaus entgegengesetzt waren, gegeben hatte, befahl er ihnen, sämmtlich Hand an den Aufbau der Stadtmauern zu legen und sich zum Kriege gegen den König Amenophis vorzubereiten. Er aber, indem er noch einige andere Priester und Angesteckte zu Rathe zog, schickte Boten zu den Hirten, die von Tethmosis ausgetrieben waren, nach der Stadt Jerusalem; und nachdem er ihnen kund gethan, was ihm selbst und den übrigen Mitbeschimpften geschehen war, forderte er sie auf, einmüthig mit ihnen Aegypten zu bekriegen. Erst werde er sie nach Avaris, der Stadt ihrer Vorväter, führen, und den Schaaren reichlich gewähren, was sie bedürften; wenn es aber nöthig sei, so werde er sie schützen und das Land ihnen leicht unterthan machen. Jene nun sämmtlich hoch erfreut und sehr bereitwillig strömten zusammen an 200,000 Männer, und gelangten bald nach Avaris. Amenophis aber, der Aegyptische König, als er von dem Einfalle jener erfuhr, war nicht wenig darüber bestürzt, indem er sich erinnerte, was Amenophis des Paapis Sohn geweissagt hatte. Und anfangs versammelte er das Kriegsvolk der Aegypter, berieth sich mit seinen Anführern, liess die in den Heiligthümern zumeist verehrten heiligen Thiere zu sich bringen, und befahl den einzelnen Priestern, insbesondere die Götterbilder auf das sicherste zu verbergen. Seinen fünfjährigen Sohn Sethos aber, der auch Ramesses hiess von Rampses seinem Vater, sendete er zu seinem Freunde. Er selbst ging zwar vor mit den übrigen Aegyptern, die an 300,000 streitbare Männer waren, als ihm aber die Feinde entgegengingen, nahm er den Kampf nicht an, sondern kehrte, weil er gegen die Götter zu streiten glaubte, eilig nach Memphis zurück. Dort nahm er den Apis und die andern dahin gebrachten heiligen Thiere mit sich und begab sich sogleich mit dem ganzen Heere und dem übrigen Tross der Aegypter nach Aethiopien. Der König der Aethiopen war ihm nämlich zu Danke verpflichtet; daher nahm er ihn auf, versorgte seine Schaaren mit allen Lebensbedürfnissen, die das Land bot, wies ihnen Städte und Dörfer an, soviel ihrer für die vorausbestimmten 13 Jahre, in welchen sie seiner Regierung entbehren sollten, hinreichten, und stellte sogar ein Aethiopisches Heer auf an den Grenzen Aegyptens zum Schutze der Leute des Königs Amenophis. So stand es in Aethiopien. Die Solymiten aber, welche herbeigekommen waren, und die Unreinen der Aegypter, behandelten die Menschen so schändlich, dass ihre Herrschaft Allen, welche damals diese Gottlosigkeiten mit ansahen, die allerschlimmste Zeit schien. Denn sie verbrannten nicht nur Städte und Dörfer und waren nicht zufrieden die Heiligthümer zu plündern und die Götterbilder zu misshandeln, sondern bedienten sich auch fortwährend der zum Braten tauglichen verehrten heiligen Thiere selbst, zwangen die Priester und Propheten, deren Schlächter und Würger zu werden, und warfen sie dann nackend hinaus. Es heisst aber, dass der Priester, der ihnen eine Verfassung und Gesetze gab, aus Heliopolis gebürtig und Osarsiph vom Gotte Osiris in Heliopolis genannt, zu diesen Leuten überging, seinen Namen veränderte und Moyses genannt wurde." Dieses und andres mehr, da sich der Länge wegen übergehe, ist es, was die Aegypter von den Juden erzählen. Dann sagt aber Manetho weiter, dass Amenophis nach dieser Zeit aus Aethiopien mit grosser Heeresmacht zurückkehrte, er und sein Sohn Rampses, der auch ein Heer hatte, den Hirten und Unreinen eine Schlacht lieferte, sie besiegte, viele tödtete und die übrigen bis zu den Grenzen Syriens verfolgte. Dieses und Aehnliches schrieb Manetho."

Dieselbe Geschichte erzählt Diodor 40,3 so:

„Als einst, berichtete Hekatäus, in Aegypten eine Pest ausgebrochen war, glaubten die Meisten darin eine Strafe der Götter zu sehen. Denn da viele Fremde von allerlei Stämmen unter ihnen wohnten, welche sehr abweichende Gebräuche in Bezug auf das Heilige und die Opfer ausübten, so geschah es, dass ihre eigene alte Götterverehrung dadurch in Verfall kam. Daher fürchteten die Eingebornen, es möchte kein Ende der Uebel kommen, wenn sie nicht die von fremder Abkunft entfernten. Die Ausländischen wurden daher schnell vertrieben. Von diesen vereinigten sich nun die besten und kräftigsten und wurden, wie Einige sagen, nach Greichenland und einigen andern Orten verschlagen, unter angesehenen Führern, von denen Danaos und Kadmos die berühmtesten waren. Die grosse Masse aber wendete sich nach dem jetzigen Judäa, nicht weit von Aegypten gelegen, und damals völlig leer und wüste. Der Führer dieser Kolonie war aber Moses, an Geisteskraft und Muth sehr ausgezeichnet. Dieser nahm das Land ein und baute ausser andern Städten auch das jetzt so berühmte Hierosolyma auf. Er gründete auch, den bei ihnen besonders heiligen Tempel, lehrte sie die Verehrung und den Dienst der Gottheit, gab ihnen Gesetze und ordnete ihre Verfassung. Er theilte das Volk in zwölf Stämme, weil diese Zahl die vollkommenste sei und mit der Zahl der Monate im Jahre übereinstimme. Aber kein Bild der Götter stellte er auf, weil er Gott nicht für menschgestaltet hielt, sondern für einen einigen Gott, der Erde und Himmel umfasse und Herr aller Dinge sei. Die Opfer aber und die Lebensgebräuche ordnete er sehr verschieden von denen anderer Völker an; denn wegen der Austreibung, die sie selbst erfahren hatten, führte er ein menschenfeindliches und Fremde hassendes Leben ein."

Dieselbe Erzählung, die sich auch bei Justin[1], aber etwas verkürzt wiederfindet, bezieht sich, wie Lepsius schon bewiesen hat, ohne Zweifel auf den Auszug der Israeliten. Eine vollständige Vergleichung mit der biblischen Erzählung will ich hier nicht anstellen; dies kann ein jeder selbst thun, ich will nur bei einzelnen Punkten, die man, wie ich glaube, früher nicht richtig beurtheilt hat, ein wenig verweilen.

Zuerst will ich auf jenen Ausdruck aufmerksam machen, dass Amenophis ein **Götterschauer zu werden wünschte**. Wir müssen uns erinnern, dass die Aegyptische Religion ursprünglich ein Sonnen- und Sterndienst war. Man wusste, dass der für die Aegypter so bedeutungsvolle Stern Sothis jetzt auf demselben Tage des Aegyptischen Kalenders, wie 1461 Jahre früher, wieder erscheinen, das heisst heliakisch aufgehen sollte. Es lag also nahe, hierin eine neue Offenbarung der Götter, gleichsam eine Erneuerung des Zusammenlebens der Götter mit den Menschen zu sehen. Der König berathschlagte sich bei dieser Gelegenheit mit dem weisen und zukunftkundigen Priester, das heisst mit dem Astronomen, der voraussagen konnte, wann jener Sothisaufgang stattfinden sollte, und um recht die Wiederkunft des Gottes zu feiern, wünschte der gottesfürchtige König das Land von den unreinen, anders glaubenden, durch ihren Aussatz als gottverhasst bezeichneten Juden zu säubern. Er hatte dazu um so mehr eine Aufforderung, als damals, nach Hekatäus' und Lysimachus' Bericht eine Pest in Aegypten ausgebrochen war, welche die Meisten als eine Strafe der Götter betrachteten, weil Fremde durch

---

[1] Justin. XXXVI. 2.

abweichende Gebräuche in Bezug auf das Heilige und die Opfer das Land verunreinigten.

Zweitens will ich hervorheben, dass es heisst, dass Amenophis ein Götterschauer, wie Horus, einer seiner Vorgänger, zu werden wünschte. Wer ist aber dieser Horus? Offenbar der König, unter dem die vorhergehende Sothisperiode anfing, und dem also ebenfalls die Götter zu schauen vergönnt war. Diese Sothisperiode fing, wie bekannt, im Jahre 2782 vor Chr. an, und zu dieser Zeit herrschte die 5te Dynastie. Nun kehrt unter den Monumentalnamen der Könige dieser Dynastie der Horusname zweimal wieder, nämlich Horus Aku und Horus Menka, woraus erhellt, das der Horusname unter ihnen gewöhnlich war; man kann daher in dem Manethonischen Namen Nephercheres, welcher König im Jahre 2782 v. Chr. regierte, vielleicht einen Monumentalnamen Neb Her (= Horus) Ka-ra lesen, oder wenigstens einen Horusnamen sehen. Hiedurch gewinnt man auch eine Erklärung des Namens Horus, welchen Amenhotep der 3te bei Africanus bekommen hat; denn da man in den Listen, wie oben nachgewiesen, die Wiederholung desselben Namens zu vermeiden suchte, so musste der Horusname recht angemessen scheinen, um den Pharao der Sothisperiode zu bezeichnen, entweder weil man ihn in Beziehung auf jenen alten König Horus setzte, oder weil der Gott Horus in Verbindung mit dem Sothisstern gedacht wurde.[1]

Wir wenden uns jetzt einer anderen Seite der Sache zu. Es ist bekannt genug, welchen Schrecken eine etwas ungewöhnlich grosse Sonnenfinsterniss auch in unserer Zeit in dem unwissenden Volke erregen kann. Man wird es daher ganz natürlich finden, dass ein so höchst seltenes Ereigniss, wie der Anfang einer neuen Sothisperiode, Unruhe und Furcht erregen konnte, besonders wenn unwissende Leute, ihrer Gewohnheit nach, dies durch über-

---

[1] Man würde vielleicht auch daran denken können, dass das Griechische Wort ὅρος = οὖρος = Grenze, Zeitgrenze, Zeitabschnitt, einen bestimmenden Einfluss auf den gräcisirenden Manetho oder seinen Griechischen Compilator gehabt habe, besonders da dies Wort mit dem Anfang des Titels: nab rompe-u achu heb-u zusammenfiel.

treibende Gerüchte in Gesprächen als eine Umwälzung der gewöhnlichen Bewegung der Sternenwelt darstellten. Wenn nun, wie überliefert worden ist, eine Pest gleichzeitig ausbrach und als eine Strafe der Götter angesehen wurde, so mussten die Gemüther noch mehr geängstigt werden, und indem man eine verderbliche Umänderung der gewöhnlichen Ordnung der Natur fürchtete, sah man in leidenschaftlicher Verblendung überall Mirakel und wunderbare Dinge. Unter dieser allgemeinen Unruhe und Gährung der Gemüther machten sich die Israeliten theils gezwungen, theils freiwillig zum Auszug bereit. Sie hatten keine Gemeinschaft mit den Aegyptern in göttlichen Dingen: die Götter der Aegypter waren nicht die ihrigen, und der Zorn der Aegyptischen Götter konnte ihnen keinen Schrecken einflössen. Im Gegentheil, sie sahen in der allgemeinen Verzweiflung und in den schrecklichen Wunderdingen, von denen sie erzählen hörten, die Allmacht ihres eigenen Gottes, indem sie von ihrem Standpunkte aus dies alles als eine Schickung Jehovahs und als Mittel in seiner Hand, um sie aus Aegypten nach dem verheissenen Lande zu führen, betrachten mussten. Die im Exodus erzählten Wunderthaten werden somit durch diese Annahme von der Aegyptischen Geschichte bestätigt. Sie waren eine Frucht der allgemeinen Gemüthserregung beim Anfange der Sothisperiode und eben dadurch die Veranlassung zur Vertreibung der unreinen Juden, die indessen hierin nur die Erfüllung der göttlichen Verheissung sahen. Da also die biblische Erzählung sich nicht nur mit den hier dargestellten gleichzeitigen Aegyptischen Verhältnissen verträgt, sondern selbst dadurch bestätigt wird, so kann ich vielleicht hierin eine Bekräftigung meiner Annahme sehen, dass Amenophis, der Pharao des Auszugs, identisch mit dem Pharao der Sothisperiode ist.

Nach Amenhotep dem 3ten kam sein Sohn Amenhotep der 4te an die Regierung. Unter ihm fand eine religiöse Reformation statt. Es ist das grosse Verdienst Lepsius', dass er dies zuerst anerkannt und in ein wahres Licht gestellt hat. Er hat die von Amenhotep dem 4ten erbaute Stadt El Amarna gefunden, wo sich Darstellungen von dem Gottesdienste Amenhoteps des 4ten finden.

Die Aegyptische Religion war, wie erwähnt, ursprünglich ein Sonnendienst. Ueberall in den verschiedenen Nomen hatte der ursprünglich identische Sonnengott, der immer in Verbindung mit einer Frau und einem Sohne gedacht wurde, eine eigenthümliche locale Umgestaltung erhalten. Wegen der verschiedenen Namen und Vorstellungen, die mit der Zeit entstanden, wurden die identischen Localgötter am Ende als verschieden gedacht, und da sie, nach der Vereinigung der einzelnen Nomen zu einem Aegyptischen Staate, in einen Götterkreis aufgenommen wurden, haben sie in der systematisch ausgebildeten Dogmatik eine verschiedene Wirkungssphäre, eine verschiedene Competenz und einen verschiedenen Rang bekommen, jedoch so, dass immer der Localgott der jedesmaligen Hauptstadt als der erste und grösste an die Spitze der Götterreihe gestellt wurde. Das auf diese Weise ausgebildete Göttersystem hat Amenhotep der 4te durch Wiederaufnahme des einfachen Sonnendienstes simplificiren wollen. Anstatt einer Menge von Göttern, die man nicht als Götter anerkennen wollte, bekam man nur einen Gott, die Sonne, nach dem ursprünglichen Namen Ra genannt. Ungeachtet somit die Reformation und die Vorstellung von einem monotheistischen Gotte sich recht gut aus der Aegyptischen Religion selbst erklären lässt, so schliesst dies indessen nicht die Möglichkeit, ja nicht einmal die Wahrscheinlichkeit aus, dass äussere Veranlassungen hier einen bestimmenden Einfluss haben ausüben können. Wenn wir uns die beim Anfange der Sothisperiode herrschende religiöse Erregung vergegenwärtigen, wenn wir die Vermuthung aufstellen müssen, dass die Aegypter nicht ganz mit dem monotheistischen Jehovah der Israeliten haben unbekannt bleiben können, ja dass sie vielleicht sogar theilweise, in Uebereinstimmung mit der Jüdischen Auffassung, diesen Jehovah als den eigentlichen Urheber des nur die Aegypter heimsuchenden Unglückes betrachtet haben: so können wir geneigt sein, in diesen Verhältnissen solche von aussen wirkende Veranlassungen der in dieser Zeit eintretenden religiösen Reaction zu sehen. Ich kann bei diesem interessanten Punkte, inwiefern nähmlich der Jüdische Jehovah irgend einen

Einfluss auf den monotheistischen Ra der Aegypter[1] gehabt habe, nicht hier näher verweilen. Ich mache nur darauf aufmerksam, dass die Reformation Amenhoteps des 4ten eine natürliche Erklärung erhält, wenn sie in Relation zu den in diesen Zeiten stattfindenden Verhältnissen gesetzt wird. Jedenfalls darf ich hierin eine neue Andeutung davon finden, dass der Anfang der Sothisperiode und der Auszug der Israeliten in der Regierung Amenhoteps des 3ten stattgefunden habe.

Amenhotep der 4te änderte, nachdem er die neue Religion angenommen hatte, seinen Namen, der in dem ersten Theile den verhassten Götternamen Amen enthielt, in Aten-chu-ra (die Sonnenscheibe, die Seele der Sonne) um. Dieser Name findet sich, wie ich glaube, in Acherres, in der von Josephus gegebenen Form Akencheres, wieder; denn wenn man x in τ ändert, hat man die Form Atencheres, die mit dem hieroglyphischen Aten-chu-ra identisch ist.

Für die drei nächsten Nachfolger Amenhoteps des 4ten kann ich keinen Monumentalnamen aufweisen. Sie waren, den von Manetho überlieferten Namen zufolge, der neuen Religion ergeben. Nicht so der dann von Manetho angeführte Armesis oder Armäis, der wahrscheinlich dem Hor-m-heb der Denkmäler entspricht; denn er liess die Denkmäler der reformatorischen Vorgänger vernichten, und führte den Dienst der alten Götter wieder ein.

Was die 19te Dynastie betrifft, will ich nur eine einzige Bemerkung machen. Bei dem letzten Könige Thuoris fügt Africanus hinzu: „Der bei Homer genannte Polybius, der Gemahl Alkandras, unter dem Troia eingenommen wurde".[2] Böckh zufolge setzte[3] Africanus die Eroberung Troias ins Jahr 1184 vor Chr. Da ich indessen Thuoris' Regierung in die Jahre 1029—1022 vor Chr. gesetzt habe, so weiche ich, scheinbar von Africa-

---

[1] Der absolute Gegensatz des Radienstes zu der gewöhnlichen Aegyptischen Religion scheint einerseits aus seiner planmässigen Verfolgung der Aegyptischen Götter und andererseits aus seinem kurz dauernden Bestehen hervorzugehen.

[2] Sync. p. 73 B.

[3] Manetho und die Hundssternperiode S. 184.

nus, den ich als meine wesentliche Quelle benutzt habe, bedeutend ab. Dies ist aber nicht der Fall. Jene Bemerkung schreibt sich nur von Africanus, nicht von Manetho, her, und wir haben hier bloss nachzuspüren, wie er zu dieser Bestimmung kam. Und dies ist nicht schwierig. Africanus betrachtete alle nach der 19ten Dynastie folgenden Dynastien als aufeinanderfolgende, und zählte folglich alle Regierungsjahre derselben in eine Summe zusammen. Ich habe dagegen die 22ste und 25ste Dynastie als gleichzeitig ausgestossen. Um zu der Bestimmung Africanus' zu kommen, müssen wir die Regierungsjahre dieser zwei Dynastien zu der wirklichen Zeit Thuoris' fügen. Er regierte, meiner Anordnung zufolge, in den Jahren 1029—1022 vor Chr., also auch im Jahre 1024 vor Chr.

22ste Dynastie regierte . . . . 120 Jahre.
25ste — — . . . . 40 —.

folglich regierte Thuoris nach Africanus im Jahre 1184 vor Chr., und er fügte daher die Bemerkung hinzu, dass dies für die Griechen so wichtige Ereigniss unter diesem Könige stattgefunden habe. Absolute Gültigkeit hat die Bestimmung Africanus' also nicht; sie bezeugt nur, dass er, freilich unrichtig, wenigstens die Dynastien nach der 19ten als aufeinanderfolgende betrachtet hat, und, was hier von grösster Wichtigkeit ist, dass seine Zahlen uns durchaus unverfälscht überliefert worden sind, da diese genaue Uebereinstimmung sonst nicht hätte stattfinden können. Ein ähnliches Zeugniss will ich hier ebenfalls mittheilen. Africanus setzt die Deukalionische Fluth unter Misphragmuthosis[1] an. Diese fällt nach Africanus[2] ins Jahr vor Chr. 1571. Misphragmuthosis regierte von 1421—1395 vor Chr., also im Jahre . 1411 vor Chr.

22ste Dynastie regierte . . . . 120 Jahre
25ste — — . . . . 40 —
Misphragmuthosis regierte demnach nach Africanus
  im Jahr . . . . 1571 vor Chr.,

in welches Jahr er die Deukalionische Fluth angesetzt hat. Diese

---
[1] Sync. p. 70 A.
[2] Böckh, Manetho u. d. II. S. 188.

Bestimmungen geben uns also einen neuen Beweis für die unverfälschte Ueberlieferung der Africanischen Zahlen.

Da die 22ste Dynastie eine gleichzeitige war, ist ihre Regierungszeit uns hier nicht von der Wichtigkeit, dass es durchaus nothwendig ist, sie zu bestimmen. Ich will jedoch einige Bemerkungen in Bezug auf die letzten Könige derselben beifügen. — Die von Mr. Mariette aufgefundenen Apisstelen fangen unter Osorkons des 2ten Regierung an. Wir geben die folgende Reihe:

Ein Apis starb	. im 23sten	Regierjah.	Osorkons des 2ten.
Ein Apis starb	- 14ten	—	Takelothis des 2ten (zweifelhaft).
Ein Apis ist geboren	- 28sten	—	Sesonchis' des 3ten,
und starb 26 Jahre alt	- 2ten	—	Pachis.
Ein Apis starb	- 4ten	—	Sesonchis' des 4ten,
Ein Apis starb	- 11ten	—	Sesonchis' des 4ten,
Ein Apis starb	- 37sten	—	Sesonchis' des 4ten.
Ein Apis starb	- 6ten	—	Bocchoris'.

Diesen Apisstelen zufolge regierte:

Osorkon II.	22 + x	Jahre.
(Sesonk II.	1 + x	—)
Takelothis II.	13 + x	—
Sesonchis III.	51	—
Pachi	1 + x	—
Sesonchis IV.	36 + x	—
Bocchoris der 24sten Dynastie	6 + x	—

Wir haben oben (S. 82) angenommen, dass Osorkon II. derselbe, wie der Osorcho der 23sten Dynastie, ist. Der Osorcho der 23sten Dynastie hörte nach unserer Anordnung im Jahre vor Chr. 725 zu regieren auf. Da aber Osorkon der 2te noch im 27sten Regierungsjahre Sesonchis' des 3ten nach einer Stele in Paris[1] lebte, so müssen Sesonchis der 2te, Takelothis der 2te und Sesonchis der 3te gleichzeitig — der Letzte mindestens 27 Jahre — mit Osorkon dem 2ten regiert haben. Nehmen wir an, dass Osorkon der 2te bis zum 47sten Regierungsjahre Sesonchis' des 3ten gelebt

[1] Brugsch, Hist. d'Egypte S. 234.

habe — was nicht unmöglich ist, wenn er entweder etwa 100 Jahre lebte, oder seine drei Nachfolger zum Theil gleichzeitig regierten — so fällt das 47ste Regierungsjahr Sesonchis' des 3ten ins Jahr vor Chr. 725, in welchem Jahre Osorcho oder Osorkon der 2te, dessen Manetho allein anstatt seiner Verwandten, der übrigen gleichzeitigen Könige, erwähnte, zu regieren aufhörte. Unter dieser Voraussetzung regierte Sesonchis der 3te 4 Jahre
(51—47) allein, also bis . . . . 721 vor Chr.
Pachi 1 Jahr . . . . bis 720 - —
Sesonchis der 4te 36 Jahre . . . . - 684 - —
Bocchoris . . . 6 — . . . . - 678 - —

Der unter Bocchoris gestorbene Apis wurde in derselben Grabkammer, wie der im 37sten Regierungsjahre Sesonchis' des 4ten gestorbene begraben, und muss also der unmittelbare Nachfolger des letztgenannten Apis gewesen sein. Hiedurch erhalten wir noch ein unabweisbares Zeugniss, dass wenigstens die ganze 23ste Dynastie, die keine Apisstelen gesetzt hat, und wegen ihrer Machtlosigkeit wohl auch keine hat setzen können, gleichzeitig mit der 22sten regiert hat. Denn dass kein Apis in vollen 89 Jahren zu finden wäre, kann man vernünftigerweise doch wohl nicht annehmen, da die Apise, wie es scheint, sonst ziemlich leicht zu finden waren.

Wenn Osorkon der 2te, wie ich glaube, im Jahre vor Chr. 725 gestorben ist, so kann Sesonchis der 1ste, welcher, nach der von Mariette mit Nr. 1929 bezeichneten Stele, sein Urahn ist, natürlich nicht der Sisak der Bibel sein, welcher Jerusalem eroberte. Dieser ist vielleicht Ramses der 3te, unter dessen Titeln die Hieroglyphengruppe Horus-ka-necht Su-sach (Leps. Königsb. Tafel XXXVII, 489, d) vorkommt; Josephus nennt den Eroberer (Jüd. Alterthüm. VIII, 8, 2) Susakos und nimmt ihn als identisch mit Herodots Sesostris an.

Wir wenden uns jetzt der 26sten Dynastie zu. Ich gebe hier nach dem Africanischen Manetho folgende Reihe:

Die absol. Zeitbestim. d. Manetho u. d. Aegyptisch. Denkmäler. 129

26ste Dynastie.

1. Stephinates	7 Jahre	678—671 vor Chr.
2. Nechepsos	6 —	671—665 - —
3. Nechao I.	8 —	665—657 - —
4. Psametichos I.	54 —	657—603 - —
5. Nechao II.	6 —	603—597 - —
6. Psametichos II.	6 —	697—591 - —
7. Uaphris	19 —	591—572 - —
8. Amosis	44 —	572—528 - —
9. Psametichos III.	1 —	528—527 - —
Zusammen	151 Jahre	678—527 vor Chr.

Diese Bestimmungen scheinen indessen nicht mit denen der von M. Mariette aufgefundenen Stelen zu stimmen. Die Stele No. 2037 giebt an, dass ein Apis im 26sten Regierungsjahre Taharkas geboren und im 20sten Psametichos' des 1sten gestorben sei, woraus hervorgeht, dass Psametichos der 1ste dem Taharka, also keinem Nechao, in der Regierung gefolgt ist. Die Apisstele No. 2243 besagt, dass ein Apis im 53sten Regierungsjahre Psametichos' des 1sten geboren und im 16sten Nechaos des 2ten gestorben sei, und im Ganzen 16 Jahre 7 Monate und 17 Tage gelebt habe; aus dieser Stele folgt also, dass Nechao nicht 6, sondern wenigstens 16 Jahre regiert haben muss. Die Nechao dem 2ten nach Manetho gegebene Regierungszeit von 603—597 v. Chr. stimmt auch nicht mit den biblischen Bestimmungen, da seine Thaten, denselben zufolge, in die Jahre vor Chr. 609 und 605 fallen. Dieser Widerspruch kann nicht, so wie Böckh will,[1] nur durch die Annahme gehoben werden, dass Nechao der 2te schon bei seines Vaters Lebzeiten 9 bis 10 Jahre, und 6 Jahre allein geherrscht habe, denn dieser widerspricht die Apisstele No. 2243, welche 16 Jahre zwischen dem 53sten Regierungsjahre Psametichos' des 1sten und dem 16sten Nechaos des 2ten angiebt.

Diese dem Anscheine nach unüberwindlichen Widersprüche lassen sich indessen recht gut lösen.

Gleichzeitig mit der Aethiopischen — der 25sten — Dynastie,

[1] Manetho u. d. H. S. 339 u. 340.

zu welcher Tahark gehörte, regierten einheimische Könige, welche Manetho, dem Memphitischen Legitimitätsprincipe folgend, allein in der Zeitreihe aufführen konnte. Die Apisstelen dagegen mussten die Könige angeben, die factisch herrschten, und von denen sie gesetzt wurden. Die Königsreihe, welche sie geben, muss demnach verschieden von der Manethonischen sein. Wir setzen sie hier einander gegenüber.

Manetho.	Die Apisstelen.
23ste Dynastie.	
Petubates . . 40 Jah. 773—733 v. Chr.	
Osorcho . . . 8 — 733—725 . —	
Psammus . . 10 — 725—715 . —	
Zet . . . . . 21 — 715—694 . —	
+ 10 — 694—684 . —	
24ste Dynastie.	v. Chr.
Bocchoris . . 6 Jah. 684—678 . —	Taharka . . 28 Jah. 694—666.
26ste Dynastie.	
Stephinates . 7 Jah. 678—671 v. Chr.	
Nechepsos . . 5 — 671—666 . —	
+ 1 — 666—665 . —	
Nechao I. . 8 — 665—657 . —	Psametichos I. 54 — 666—612.
Psametichos I. 45 — 657—612 . —	
+ 9 — 612—603 . —	
Nechao II. . 6 — 603—597 . —	Nechao II. . 16 — 612—596.
Psametichos II. 1 — 597—596 . —	
+ 5 — 596—591 . —	Psametichos II. 5 — 596—591.
Uaphris . . . 19 — 591—572 . —	Uaphris . . . 19 — 591—572.
Amosis . . . 44 — 572—528 . —	Amosis . . . . 44 — 572—528.
Psametichos III. 1 — 528—527 . —	Psametichos III. 1 — 528—527.

Auf den Apisstelen können nur die Aethiopischen Könige, welche die factische Herrschaft hatten, nicht die schwachen einheimischen, angegeben worden sein. Daher kommt hier Taharka, der letzte König der Aethiopischen Dynastie, vor. Wir geben ihm, nach der Apisstele No. 2037, 28 Jahre, ungeachtet Africanus nur 18 Jahre hat, und lassen es hier unentschieden, ob die 10 Jahre als gleichzeitig mit der Regierung Sebichos' betrachtet werden müssen, oder ob die Aethiopische Herrschaft auf 50 anstatt 40 Jahre, nach Herodots Angabe, erhöht werden soll. Dem Taharka folgte, der Apisstele zufolge, Psametichos in der Regierung. Dieser König hat, wie man sieht, 1 Jahr gleichzeitig mit Nechepsos und 8 Jahre gleichzeitig mit Nechao I. regiert, welche 9 Jahre die Apisstele Psametichos dem 1sten, Manetho dagegen Nechepsos und Nechao dem 1sten gegeben hat. In den letzten 10 Jahren der Regierung Psametichos' des 1sten regierte sein Sohn Nechao der 2te als Mitregent, und diese 10 Jahre hat die Apisstele Nechao dem 2ten, Manetho aber 9 Jahre derselben Psametichos dem 1sten und 1 Jahr Nechao dem 2ten beigelegt. Psametichos der 1ste hat also im Ganzen 64 Jahre regiert, in den Jahren vor Chr. 666—602.

nämlich: gleichzeitig mit Nechepsos 1 Jahr . . . . 666—665.
    —   - Nechao I. 8 — . . . . 665—657.
   allein . . . . . . 45 — . . . . 657—612.
   gleichzeitig mit Nechao II. 10 — . . . . 612—602.
            Zusammen 64 Jahre . . . 666—602.

Diese 64 Jahre vertheilte Manetho so:
Nechepsos . . . . . 1 Jahr . . . . 666—665 vor Chr.
Nechao I. . . . . . . 8 Jahre . . . 665—657 - —
Psametichos I. . . . . 54 — . . . . 657—603 - —
Nechao II. . . . . . . 1 — . . . . 603—602 - —
        Zusammen 64 Jahre . . . . 666—602 - —

Nach der Apisstele aber sind sie folgendermassen vertheilt:
Psametichos I. . . . . 54 Jahre . . . . 666—612 vor Chr.
Nechao II. . . . . . . 10 — . . . . 612—602 - —
        Zusammen 64 Jahre . . . . 666—602 - —

Nach dem Tode des Vaters im Jahre 602 regierte Nechao der 2te 6 Jahre, bis zum Jahr vor Chr. 596. Da aber Manetho den Nachfolger, Psametichos den 2ten, im Jahre 597 den Thron besteigen liess, musste er ihm 6 anstatt 5 Jahre geben. Die Apisstele No. 2244 lässt Psametichos den 2ten nur 5 Jahre regieren.

Manetho giebt also folgende Bestimmungen:
Nechao II. . . . . . . 5 Jahre . . . . . 602—597 vor Chr.
Psametichos II. . . . . 6 — . . . . . 597—591 -   —
Die Apisstelen aber:
Nechao II. . . . . . . 6 Jahre . . . . . 602—596 vor Chr.
Psametichos II. . . . 5 — . . . . . 696—591 -   —

Somit bewährt sich die Richtigkeit der Manethonischen Zahlen auch in diesem schwierigen Punkte, wo Alle, selbst Böckh, der sonst mit richtigem Gefühl den Africanischen Manetho aufrechtzuhalten sucht,[1] sie als fehlerhaft verwerfen.[2] Sein Standpunkt ist eben so berechtigt, wie der der Apisstelen, und die Zahlen der beiden Quellen bewähren sich, wenn man sie nur, jede von dem richtigen Standpunkte aus, beurtheilt, als ganz richtig; denn dass das Jahr der Thronbesteigung, wie z. B. Psameticho' des 2ten, dem vorhergehenden oder dem nachfolgenden Könige beigelegt wird, kann nach beiden Seiten hin richtig sein. Nach der hier gegebenen Anordnung stimmt aber der wirkliche, unveränderte Manetho nicht nur mit den Apisstelen, die ein durchaus zuverlässiges Correctiv abgeben, sondern auch mit der biblischen Zeitrechnung,[3]

[1] Böckh hat Manetho zwar auch hier zu retten gesucht, aber auf eine Weise, welche die Aegyptischen Denkmäler nicht zulassen.

[2] Die Versuche neuerer Gelehrten, die Königs- und Jahresreihe dieser Dynastie zu ordnen, ersieht man aus folgender Zusammenstellung: (Vergleiche Monatsbericht der Akad. d. Wissensch. z. Berl. Mai 1854).

	Rosell.	Loemans.	Böckh.	Bunsen.	Gumpach.	Lepsius.	Brugsch.
Stephin . .	7	—	7	7	7	7	7
Necheps. .	6	—	6	6	6	6	6
Nechao I. .	8	—	8	8	8	8	8
Psam. I. .	45	—	54	54	45	54	54
Nech. II. .	6	6	6(15)	16	6	15	16
Psam. II. .	15	15	6	6	15	6	5
Uaphris .	19	19	19	19	19	19	19
Amas. . .	44	—	44	44	44	44	44
Psam. III.	—½	—	—½	—½	—½	—½	—½
	150½		150½	160½	150½	159½	152(?)

So geht man mit den Manethonischen Zahlen um!

[3] Es würde uns zu weit führen, dies hier näher aufzuweisen. Ein jeder kann sich auch leicht selbst davon überzeugen.

theilweise mit Herodot — der dem Psammitichos 54 und dem Nekōs, dessen Sohne, 16 Jahre giebt — und endlich mit anderen Aegyptischen Denkmälern. Unter diesen hebe ich die auch von Böckh erwähnten Grabsteine[1] hervor. „Der eine derselben, zu Florenz," (ich erlaube mir Böckhs Worte zu gebrauchen) „ist einem gewissen Psametik gesetzt; es wird angegeben, er sei geboren im 3ten Jahr, 1 Paoni, des Königs Nekao II, habe gelebt 71 Jahre 4 Monathe 6 Tage, und sei gestorben im 35sten Jahr, 6 Paopi, des Königs Amasis. Paoni ist der 10te Monath des Jahres, Paopi der 2te." Wenn wir die in unserer Tafel gegebenen Regierungsjahre der in Betracht kommenden Könige zu Grunde legen, so lebte der Genannte

unter Nechao II. . . . . 13 Jahre 3 Monathe 1 Tag.
— Psametichos III. . . . . . . 5 — . — . —
— Uaphris . . . . 19 — — . —
— Amasis . . . . 34 — 1 — 5 —

in Summe 71 Jahre 4 Monathe 6 Tage, was ja vollständig mit der vom Grabsteine angegebenen Lebensdauer stimmt, während Böckh 9 Jahre zu wenig bekommt.

Zwei zu Leyden befindliche Grabsteine des Anastasy „enthalten die Angabe, Psametik der Sohn des Oohuben habe 65 Jahre 10 Monathe 2 Tage gelebt, geboren den 1sten Epiphi im 1sten Jahre des Nechao, gestorben den 28sten Pharmuthi des 27sten Jahres; der zur Zeit seines Todes regierende König, welcher nicht genannt ist, kann nur Amasis sein. Epiphi ist der 11te Monath des Jahres, Pharmuthi der 8te." Dieser Psametik lebte also unserer Tafel nach

unter Nechao II. . . . . 15 Jahre 2 Monathe 5 Tage.
— Psametichos II. . . . . . 5 — . — . —
— Uaphris . . . . 19 — . — . —
— Amasis . . . . 26 — 7 — 27 —

in Summe 65 — 10 Monathe 2 Tage, was wieder vollständig mit der auf dem Grabsteine eingehauenen

---

[1] Manetho u. d. Hundsst. S. 345.

Lebensdauer stimmt; Böckh aber bekommt auch hier 9 Jahre zu wenig.

Auf diese Weise lässt sich also auch das von Böckh in dieser Beziehung aufgestellte Problem [1] lösen.

Die Africanisch-Manethonischen Zahlen stimmen demnach auch mit diesen Aegyptischen Denkmälern; sie stimmen aber zugleich mit anderen davon unabhängigen Angaben.

Bei Petubates, dem ersten Könige der 23sten Dynastie, fügt Africanus [2] die Bemerkung hinzu: „Unter ihm fällt die erste Olympiade" (Ἐφ' οὗ ὀλυμπιὰς ἤχθη πρώτη. Ich übersetze ἤχθη nicht mit „gefeiert wurde," sondern mit „fallen, eintreffen," in Analogie mit τὸ δέκατον ἔτος ἄγειν = „im zehnten Jahre stehen"). Nun regierte, meiner Anordnung nach, Petubates in den Jahren vor Chr. 773—733, also war sein erstes Regierungsjahr das vierte Jahr der ersten Olympiade.

Ferner fing die Persische Herrschaft in Aegypten nicht, wie gewöhnlich angenommen, im Jahre 525, sondern im Jahre 527 vor Chr. an. Dies geht aus der Apisstele No. 2284 vor, wie Brugsch [3] nachgewiesen hat. Nun setzt der unveränderte Manetho wirklich das Jahr 527 vor Chr. als das Anfangsjahr der Persischen Herrschaft in Aegypten; seine Zahlen führen uns demnach auch hier zu dem von den Denkmälern bestätigten Jahre.

Ich will hier zum Schluss noch Eins erwähnen. Brugsch macht in der „Zeitschrift der Deutschen morgenländischen Gesellschaft" IX 193 u. flgg. auf die hieroglyphische Gruppe: nem mesu = „Wiedergeburt" aufmerksam. Ich zweifle nicht, dass dies sich auf die Phönixperiode beziehe. Die Gruppe nem mesu findet sich in dem Standartennamen Amenhoteps des 1sten und in dem des Seti I Minptah. Mir gehen astronomische Kenntnisse ab, und ich kann daher diesen Punkt nicht erörtern. Ein Factum wage ich jedoch hier beizubringen. Im Jahre 3282 vor Chr. fiel nicht nur die Sommersonnenwende, und folglich der Anfang der Nil-

---

[1] Manetho u. d. H. S. 348.
[2] Sync. p. 74 A.
[3] Hist. d'Égypte. S. 266.

schwelle, sondern auch der heliakische Aufgang der Sothis, auf den ersten Pachon. Der Anfang der nächsten ¼ Phönixperiode fand demnach statt im Jahre (3282—502) 2780 vor Chr., der der nächsten ⅔ Phönixperiode (2780—502) 2278 vor Chr.; nun regierte Amenemha der 1ste, welcher in seinem Standartennamen die Gruppe nem mesu = die Wiedergeburt (der Sonne) hat, gerade in den Jahren 2278—2262, in denen die Sonne gleichsam wiedergeboren wurde. Ich glaube, dass man mit Recht auch unter Sethos dem 1sten (1231—1180 vor Chr.) eine astronomische Epoche setzen könnte, aber dies kann ich wenigstens für jetzt nicht näher aus einander setzen.

Indem ich in Uebereinstimmung mit den Denkmälern die Manethonischen Zahlen zu Grunde lege, gebe ich als Resultat meiner Untersuchungen folgende Liste der Aegyptischen Könige mit ihren Regierungsjahren.

Legitime Dynastien.

Aeg. J. seit Menes.	Manetho.	Julian. J. v. Chr.	Die Denkmäler.
	1ste Dynastie. 8 Thiniten, 263 Jahre.		
1	Menes . . . . 62 Jah. v.	3893	Mena.
62	bis	3831	
119	Athothis . . . 57 — .	3774	A-Tot.
150	Kenkenes . . 31 — .	3743	
173	Uenephes . . 23 — .	3720	
193	Usaphaïs . . 20 — .	3700	
219	Miebis . . . . 26 — .	3674	
237	Semempses . 18 — .	3656	
263	Bieneches . . 26 — .	3630	
	Zusammen 263 Jahre.		
	2te Dynastie, 9 Thiniten, 302 Jahre.		
301	Boëthos . . . 38 Jah. b.	3592	. . . . bau
340	Kaiechos . . 39 — .	3553	. . . . ka
387	Binothris . . 47 — .	3506	
404	Tlas . . . . . 17 — .	3489	
445	Sethenes . . 41 — .	3448	Sent.
462	Chaires . . . 17 — .	3431	
487	Nephercheres 25 — .	3406	
535	Sesochris . . 48 — .	3358	
565	Cheneres . . 30 — .	3328	
	Zusammen 302 Jahre.		
	3te Dynastie, 9 Memphiten, 214 Jahre.		
593	Necherophes 28 Jah. b.	3300	
622	Tosorthros . 29 — .	3271	
629	Tyris . . . . 7 — .	3264	
646	Mesochris . . 17 — .	3247	

Aeg. J. seit Mencs.	Manetho.	Julian. J. v. Chr.	Die Denkmäler.
662	Soyphis . . . 16 — -	3231	
681	Tosertasis . . 19 — -	3212	
723	Aches . . . . 42 — -	3170	
753	Sephuris . . 30 — -	3140	
779	Kerpheres . . 26 — -	3114	
	Zusammen 214 Jahre.		
	4te Dynastie. 8 Memphiten, 284 Jahre.		
808	Soris . . . . 29 Jah. b	3085	Sera
871	Suphis . . . 63 — -	3022	Chufu, Num Chufu.
937	Suphis . . . 66 — -	2956	Schaf-ra.
1000	Mencheres . 63 — -	2893	Men-ka-ra.
1025	Rhatoises . . 25 — -	2868	
1047	Bicheris . . . 22 — -	2846	
1054	Sebercheres . 7 — -	2839	
1063	Tamphthis . 9 — -	2830	
	Zusammen 284 Jahre.		
	5te Dynastie. 9 Elephantiner, 218 Jahre.		
1091	Usercheres . 28 Jah. b	2802	User-kaf.
1104	Sephres . . . 13 — -	2789	Sahu-ra.
1124	Nephercheres 20 — -	2769	(Neb-her(-Horus)-kara?).
1131	Sisires . . . . 7 — -	2762	User-(n)ra.
1151	Cheres . . . 20 — -	2742	
1195	Rathures . . 44 — -	2698	
1204	Mencheres . 9 — -	2689	Men-ka-Har.
1248	Tancheres . . 44 — -	2645	Tat-ka-ra.
1281	Ounos . . . . 33 — -	2612	Unas.
	Zusammen 218 Jahre.		
	6te Dynastie, 6 Memphiten, 198 Jahre.		
1311	Othoes . . . 30 Jah. b	2582	Ati.
1364	Phios . . . . 53 — -	2529	Teta.
1371	Methusuphis 7 — -	2522	Im-hotep.
1466	Phiops . . . 95 — -	2427	Pepi.
1467	Menthesuphis 1 — -	2426	Mer-n-ra.
1479	Nitokris . . . 12 — -	2414	Nit-aker.
	Zusammen 198 Jahre.		
	7te Dynastie, 70 Memphiten, 70 Tage.		

Dritte Abtheilung. Versuch eines neuen chronol. Systemes.

Aeg. J. seit Menes.	Manetho.	Julian. J. v. Chr.	Die Denkmäler.
1625	8te Dynastie, 27 Memphiten, 146 Jahre bis	2268	
1671	12te Dynastie, 7 Diospoliten, 160 Jahre. Sesortesen I. 46 Jah. b.	2222	Amenemha I. und Sesortesen I. . . . 6 Jah. Sesortesen I. allein . 36 — Sesortesen I. und Amenemha II. . . . 4 —
1709	Amenemha II. 38 — .	2184	Amenemha II. allein 28 Jah. Amenemha II. und Sesortesen II. . . . 10 —
1757	Sesortesen II. 48 — .	2136	Sesortesen II. allein 19 — Sesortesen II. und Sesortesen III. . . . 4 — Sesortesen II. und Sesortesen III. und Amenemha III. . . 25 —
1765	Sesortesen III. 8 — .	2128	Sesortesen III. und Amenemha III. . . . 8 —
1773	Amenemha III. 8 — .	2120	Amenemha III. allein 8 —
1781	Amenemha IV. 8 — .	2112	Amenemha III. und Amenemha IV. . . . 1 — Amenemha IV. allein 7 —
1785	Sebeknophris 4 — . Zusammen 160 Jahre.	2108	Ra Sebeknofru . . . . 4 —
1969	14te Dynastie, 76 Xoiten, 184 Jahre[1] bis	1925	
	15te Dynastie, 6 Hyksos, 284 Jahre.		
1988	Saïtes . . . . 19 Jah. b.	1906	
2032	Bnon . . . . 44 — -	1862	13te Dynastie regierte gleichzeitig in Thebaïs.
2093	Pachnan . . 61 — -	1801	
2143	Staan . . . . 50 — -	1751	16te Dynastie, 32 Hyksoskönige, 511 Jahre, von 2108 vor Chr. bis 1598 - —
2192	Archles . . . 49 — -	1702	
2253	Aphobis. . . 61 — - Zusammen 284 Jahre.	1641	Apepi I.
	17te Dynastie, Hirtenkönige und Diospoliten nebeneinander, 151 Jahre.		
2296	Hirten und Diospoliten gleichzeitig. 43 Jah. b.	1598	

[1] 1 Aegyptisches Jahr geht hier ab. Vergleiche oben S. 57.

Die absol. Zeitbestim. des Manetho u. der Aegypt. Denkmäler. 139

Aeg. J. seit Menes.	Manetho.	Julian. J. v. Chr.	Die Denkmäler.
2404	Diospoliten allein . . . 108 Jah. b. (Hirten in Avaris). Zusammen 151 Jahre.	1490	Apepi II. in Avaris um das Jahr 1500 vor Chr.
	18te Dynastie, 16 Diospoliten, 259 Jah.		
	Amos . . . . bis	1490	Ra-neb-pehti Ahmes.
2417	Chebros . . . 13 Jah. b.	1477	Ra-aa-cheper-ka Totmes Scha-ma-ra; gleichzeitig sein Sohn Ra-a-cheper-n Totmes Nofer-schau.
2438	Amenophthis 21 — -	1456	Raserka Amenhotep.
2460	Amensis . . . 22 — -	1434	Amensi, Schwester Amenhoteps. Mi-sau-ra-ha, Gemahlin Totmes' III. Mi-sau-ra-h u. Totmes III. Totmes III. allein.	Ra-men-che-per Totmes No-fer-cheperu 70 Jahre v. 1456—1386 vor Chr. Das Elephan-tinefragment giebt das Jahr vorChr.1454an.
2473	Misaphris . . 13 — -	1421
	Misphragmu-	
2499	thosis . . . 26 — -	1395
2508	Tuthmosis . 9 — -	1386
2539	Amenophis . 31 — -	1355	Ra-aa-cheperu Amenhotep Nuter-hik-an und Ra-men-cheperu Totmes Scha-schau.
2576	Oros . . . . 37 — -	1318	Ma-neb-ra (= Menophres) Amenhotep (= Amenophis bei Josephus c. Ap. I. 26) Hik-chama. Uah rompeu achu hebu.
2608	Acherres . . 32 — -	1286	Aten-chu-(n)-ra = Atencheres bei Josephus.
2614	Rathos . . . 6 . — -	1280	
2626	Chebres . . . 12 — -	1268	
2638	Acherres . . 12 — -	1256	
2643	Armeses . . 5 — -	1251	Ra-ser-cheperu Setep-n-ra Mi-n-Amen Hor-m-heb.
2644	Ramesses . . 1 — -	1250
2663	Amenophath 19 — -	1231
	Zusammen 259 Jahre.		
	19te Dynastie, 6 Diospoliten, 209 Jahre.		
2714	Sethos . . . . 51 Jah. b.	1180	
2780	Rapsakes . . 66 — -	1114	

Aeg. J. seit Menes.	Manetho.	Julian. J. v. Chr.	Die Denkmäler.
2800	Ammenephthes . . . . 20 — .	1094	
2860	Ramesses . . 60 — .	1034	
2865	Ammenemes 5 — .	1029	
2872	Thuoris . . . 7 — .	1022	
	Zusammen 209 Jahre.		
	20ste Dynastie,		
3007	12 Diospoliten, 135 Jah.	887	
	21ste Dynastie, 7 Taniten, 114 Jahre.		
3033	Smendes . . 26 Jah. b.	861	
3079	Psusennes . . 46 — .	815	
3083	Nephercheres 4 — .	811	
3092	Amenophthis 9 — .	802	
3098	Osochor . . . 6 — .	796	
3107	Psinaches . . 9 — .	787	
3121	Psusennes . . 14 — .	773	
	Zusammen 114 Jahre.		
	23ste Dynastie, 4 Taniten, 89 Jahre.		
3161	Petubates . . 40 Jah. b.	733	Sesonchis der 3te regierte allein 4 Jahre 725—721 v. Chr.
3169	Osorcho . . . 8 — .	725	Sein 52stes Regierungsjahr im Jahre . . 721 - —
	4 — .	721	Pachi regierte 1 Jahr 721—720 . —
3179	Psammus { + 1 — .	720	Sein 2tes Regierungsjahr im Jahre . 720 . —
	+ 5 — .	715	Sesonchis der 4te 36 Jahre . . . 720—684 . —
	21 — .	694	Sein 37stes Regierungsjahr im Jah. 684 . —
3210	Zet { + 10 — .	684	
	Zusammen 89 Jahre.		
	24ste Dynastie, 1 Saïte.		
3216	Bocchoris . . . 6 Jah. b.	678	Bocchoris setzte in seinem 6ten Regierungsjahre eine Apisstele.

Die absol. Zeitbestim. d. Manetho u. d. Aegyptisch. Denkmäler.

Aeg. J. seit Menes.	Manetho.	Julian. J. v. Chr.	Die Denkmäler.
	26ste Dynastie, 9 Saïten, 151 Jahre.		Taharka 28 Jahre 694—666 v. Chr.; er wurde aber erst nach Bocchoris' Tode im Jahre 678 König in Memphis.
3223	Stephinates . . 7 Jah. b.	671	
3229	Nechepsos { 5 — . +1 — .	666 665	
3237	Nechao I. . . . 8 — .	657	Psametichos I. 54 Jah. 666—612 v. Chr.
3291	Psameti- { 45 — . chos I. { +9 — .	612 603	
3297	Nechao II. . . . 6 — .	597	Nechao II. 16 Jahre 612—596 . —
3303	Psameti- { 1 — . chos II. { +5 — .	596 591	Psametichos II. 5 Jahre 596—591 . —
3322	Uaphris . . . 19 — .	572	Uaphris 19 Jahre 591— 572 . —
3366	Amosis . . . 44 — .	528	Amasis 44 Jahre 572— 528 . —
3367	Psametichos III. 1 — .	527	Psametichos III. 1 Jahr 528—527 . —
	Zusammen 151 Jahre.		
	27ste Dynastie, 8 Perser, 124 Jahre.		
3373	Kambyses . . 6 Jah. b.	521	
3409	Darius I. . . 36[1] — .	486	
3430	Xerxes I. . . 21 — .	465	
3430	Artabanos . . ½ — .	465	
3471	Artexerxes I. 41 — .	424	
3472	{ Xerxes II. } ½ — . { Sogdianus }	423	
3491	Darius II. . . 19 — .	404	
	Zusammen 124 Jahre.		
	28ste Dynastie, 1 Saïte.		
3497	Amyrtaios . . 6 Jah. b.	398	
	29ste Dynastie, 4 Mendesier, 20 Jahre.		
3503	Nepherites . 6 Jah. b.	392	
3516	Achoris . . . 13 — .	379	
3517	Psamuthis . . 1 — .	378	
	Nephorites . ½ — .	378	
	Zusammen 20 Jahre.		

[1] 1 Aegyptisches Jahr geht ab.

Aeg. J. seit Menes	Manetho	Julian. J. v. Chr.	Die Denkmäler
	30ste Dynastie, 3 Sebennyten, 38 Jahre.		
3535	Nektanebes . 18 Jah. b.	360	
3537	Teos . . . . . 2 — ·	358	
3555	Nektanebos . 18 — ·	340	
	Zusammen 38 Jahre.		

Gleichzeitige Nebendynastien.

Aeg. J. seit Menes	Manetho.	Julian. J. v. Chr.	Die Denkmäler.
	9te Dynastie, 19 Herakleopoliten, 409 Jahre.		
	10te Dynastie, 19 Herakleopoliten,		Der Königspapyrus hat 17 Könige.
1381	185 Jahre von	2512	
1566	bis	2327	
	11te Dynastie, 16 Diospoliten, 43 Jahre		Der Königspapyrus hat 6 Könige und die Jahressumme 243 + x
1566	von	2327	
1609	bis	2284	10te Dynastie 185 Jah. Jah.
1609	Ammemes, 16 Jahre von	2284	11te — 43 —
1625	bis	2268	Ammenemes 16 — 244 Jah.
	13te Dynastie, 60 Diospoliten, 453 Jah.[1]		
1785	von	2108	
2238	bis	1656	
	16te Dynastie, 32 Hyksoskönige, 511		14te Dynastie, 76 Xoïten . . . . . . 184 Jahre.
1785	Jahre[1] von	2108	15te Dynastie, 6 Hirten . . . . 284 —
2296	bis	1598	17te Dynastie, Hirten und Diospoliten gleichzeitig . . 43 —
			Zusammen 511 Jahre.
			16te Dynastie, 16 Hirten . . . . . . 511 Jahre.
	22ste Dynastie,		Sesonchis des 3ten letztes
3210	9 Bubastiden, 120 Jahre,		Jahr . . . . 721 v. Chr.
	bis	684	Pachi, 1 Jahr bis . 720 - —
			Sesonchis der 4te, 36 Jahre bis . . . 684 - —

[1] 1 Aegyptisches Jahr geht ab.

Aeg. J. seit Menes.	Manetho.	Julian. J. v. Chr.	Die Denkmäler.
	25ste Dynastie, 3 Aethiopen, 40 Jahre.		
3196	Sabakon . . 8 Jahre b.	698	
3210	Sebichos { 4 — -	694	
	{ +10 — -	684	} Taharka 28 Jahre, davon
3228	Tarkos { 6 — -	678	} gleichzeitig mit:
	{ +12 — -	666	} Sebichos und Zet
	Zusammen 40 Jahre.		10 Jah. b. 684 v. Chr.
			Bocchoris 6 — - 678 - —
			Stephinates 7 — - 671 - —
			Nechepsos 5 — - 666 - —
			Zusamm. 28 Jahre.

Druckfehler.

S. 52 Z. 10 v. u. l. καί.
- 54 Z. 9 v. o. l. Widerlegung.
- 63 Z. 17 v. u. l. unglückliche.
- 70 Z. 3 v. o. l. καί.

www.ingramcontent.com/pod-product-compliance
Lightning Source LLC
Chambersburg PA
CBHW030358170426
43202CB00010B/1413